ChatGPT 글쓰기 테크닉

ChatGPT 글쓰기 테크닉
현시점, 가장 현실적인 ChatGPT 글쓰기 기술서

초판 1쇄 2023년 11월 30일

지 은 이   정민제
교   정   정민제
펴 낸 곳   선비북스
주   소   서울특별시 마포구 양화로 133 서교타워 809호
대표전화   02-338-0055
팩   스   0504-325-8598
출판등록   제 2021-000035호
이 메 일   sunbeebooks@naver.com

ISBN 979-11-91534-85-6

Writing techniques

Chat GPT 글쓰기 테크닉+

정민제(정선비) 지음

선비북스

Prologue

 2022년 12월 말, OpenAI의 ChatGPT(이후, '챗GPT'로 표기) 출시 소식을 들었다. 챗GPT라는 이름 자체가 낯설었다. '인공지능과 채팅하는 형태의 서비스라고?' '내가 물어보는 어떤 질문이든 답변해준다고?' 나와 같은 '문돌이'에게 챗GPT의 첫인상은 그저 다른 형태의 새로운 기술일 뿐이었다. 나는 '또다시 적응해내야만 하는 새롭고 낯선 신문물이 탄생했구나!' 정도로 챗GPT를 인식했다. 하지만 인터넷 포털에서 온통 챗GPT에 대한 뉴스로 도배될수록, 그리고 챗GPT에 관한 기사를 읽으면 읽을수록 직감적으로 '이번 기술은 내 삶을 바꿀 수도 있겠구나'라는 느낌이 들었다.

 2023년 2월쯤이었을까? 챗GPT의 월간 이용자수가 1억 명을 돌파했다는 소식을 접했다. 엄청난 파급력이었다. 나 역시 이 역사적인 흐름을 무시할 수 없었다. 지금 내가 하는 분야와 업무에서 이 기술을 어떻게 효율적으로 활용할 수 있을까 고민하기 시작했다. 처음으로 챗GPT 웹사이트를 들어가서 구글 계정으로 서비스 가입을 했다. 그리고는 몇 번 챗GPT에게 질문을 던져 보았다. 챗GPT는 내가 질문하는 모든 것에 대해 나름대로 답변했다. 너무나도 빠르게 말이다. 챗GPT가 내 질문에 답하고 있는 모습을 보고 있자니 묘한 허탈감마저 느껴졌다.

나는 홍대에서 출판사를 운영하고 있다. 챗GPT는 언어를 기반으로 한 인공지능 서비스다. 그래서 나는 이런 챗GPT가 출판 분야에서 요긴하게 활용될 것임을 깨닫게 되었다. 외국 유튜브를 검색해보니 이미 많은 작가가 챗GPT를 통해 책을 쓰고 있었다. 원하는 주제와 글감을 덧붙여 설명하면 답이 나왔다. 책의 목차부터 단락은 물론 원고 전체까지 챗GPT는 막힘없이 글을 쓸 수 있었다. 유튜브 크리에이터가 챗GPT를 활용해 책 초안이 뚝딱 완성하는 모습을 보는 순간, 이 기술은 혁신을 넘은 혁명일 수도 있다는 생각에 전율마저 느껴졌다.

문득 챗GPT는 출판산업의 판도를 바꿀 힘이 있다는 생각이 들었다. 출판업은 텍스트를 다루는 것이 주업이고, 챗GPT는 이런 텍스트를 사용자의 요청에 맞게 산출하기 때문이다. 챗GPT를 잘 활용할 수 있다면, 이제 우리는 우리의 생각을 곧바로 글로 빠르게 표현할 수 있다. 챗GPT 기능이 앞으로 업데이트되면 될수록 아이디어와 그 아이디어를 뽑아낼 수 있는 구체적인 질문을 만드는 능력이 중요해질 것이다. 우리는 아이디어와 좋은 질문이 더욱더 중요해지는 AI 글쓰기 패러다임 전환의 문턱 앞에 와있다.

챗GPT는 글쓰기의 정의를 바꾸고 있다. 그동안 작가가 직접 자료를 찾아보고 사유해 글을 쓰는 것이 글쓰기였다면, 챗GPT 등장 이후 글쓰기는 챗GPT와의 커뮤니케이션 그 자체가 글쓰기가 될 것이다. 챗GPT에게 원하는 글을 써달라고 요청하고, 출력된 글의 내용과 형식을 검증하고 수정해 최종안을 완성하는 방향으로 글쓰기 방식이 변화할 것이다.

챗GPT로 인해 글 쓰는 행위 자체에 대한 진입장벽도 낮아지고 있다. 누구나 손쉽게 자신의 아이디어를 표현할 수 있는 도구를 갖게 된 것이다. 챗GPT를 통해 누구나 쉽고 빠르게 자기 생각과 경험을 글로 쓸 수 있는 시대가 도래했다. 챗GPT라는 훌륭한 글쓰기 도구를 제대로 활용할 수만 있다면, 우리는 생각하는 데 더 많은 시간을 할애할 수 있다. 글쓰기라는 압박감에서 해방되어 생각을 정리하는 등의 창의적인 업무에 집중할 수 있는 것이다.

현재 나는 챗GPT로 다양한 실험을 하고 있다. 특히 글쓰기와 출판과 관련하여 어떻게 하면 챗GPT로 어떻게 하면 내가 원하는 방향으로 원하는 텍스트를 뽑아낼 수 있는지 연구하고 있다. 이를 통해 새로운 출판물이 더욱 빠르고 효율적으로 탄생할 수 있도록 노력하고 있다. 더불어 나는 출판 업무 전반에 챗GPT를 도입하기 위해 노력하고 있다. 출판업의 경우 반복적인 업무가 많다. 맞춤법 및 교정·교열은 물론 이메일 발송까지 출판 과정 중 거치게 되는 반복 업무를 챗GPT를 활용해 자동화하고자 한다. 이를 통해 출판사 직원들의 업무 부담을 줄이고, 더욱 콘텐츠 중심의 창의적인 업무에 집중할 수 있게 되지 않을까 기대해 본다.

『챗GPT 글쓰기 테크닉』은 '챗GPT로 어떻게 하면 내가 원하는 글을 쓸 수 있을까?'라는 근본적인 질문에서 출발했다. 이 질문에 대한 답을 얻기 위해 그동안 나는 챗GPT에게 수천 번의 질문을 했고, 그 결과물에 대해 기록하고 강의했다.

2023년 3월부터 모임플랫폼 '남의집'에서 시작한 『챗GPT로 전자책 쓰기』 강의는 예상보다 큰 관심을 받았다. 이 강의는 '남의집' 서비스가 종료된 2023년 6월 말까지 14회 진행되었다. 생각보다 많은 분의 관심으로 매 모임 정원 마감되었다. 이후 나는 모임플랫폼 '문토'에서 셀렉티드 호스트로 챗GPT 글쓰기 강의를 계속 이어 진행하고 있다. 공공기관과 기업 강의도 꾸준히 출강하고 있다. 관광재단, 교직연수원과 같은 공공기관은 물론 기업들과 콜라보하여 '챗GPT 글쓰기 테크닉'을 전파하고 있다.

지금 쓰고 있는 이 책 자체도 챗GPT의 도움으로 작성된 것임을 미리 밝혀둔다. 이 책을 통해 여러분은 챗GPT를 창의적으로 활용해 글 쓰는 방법에 대해 배울 수 있다. 또한, 이를 활용해 지금 하는 업무에도 적용할 수 있다. 글쓰기는 모든 업무의 근간이기 때문이다. 이 책은 여러분이 책을 읽으면서 실무에 적용할 수 있게 최대한 구체적인 사례를 들어가며 서술되었다. 그동안 챗GPT가 출력한 결과물이 실망스러웠다면, 이 책을 통해 '진짜' 챗GPT 글쓰기 테크닉을 꼭 훈련하길 바란다. 이 책을 통해 여러분이 하는 모든 일에 챗GPT라는 '날개'를 달 수 있기를 바라며⋯⋯

정민제(정선비) 올림

Contents

◾ Chapter. 1

ChatGPT 글쓰기 기본

Chapter. 1

ChatGPT
글쓰기 기본

1

써봤는데 별로예요

'챗GPT 써봤는데, 생각보다 그렇게 똑똑하지는 않더라고요.'

필자가 챗GPT를 처음 써보거나 몇 번 써본 사람들을 만나면 다음과 같은 반응을 듣게 된다. 챗GPT라는 혁신적인 AI 기술이 등장했다는 소식에 많은 사람이 챗GPT를 이용했다. 실제로 지난 2023년 4월 개인정보보호위원회가 OpenAI를 통해 받는 한국 이용자수는 220만 명에 달한다. 이는 국민 100명 중 4명이 챗GPT를 이용해 본 경험이 있다는 것을 의미한다. 그러나 이들 중 대다수는 '아... 그냥 직접 하는 게 더 효율적인 것 같아'라는 생각을 하게 된다. 이는 챗GPT를 이용해 본 사람들은 많지만, '제대로' 챗GPT를 활용할 수 있는 사람들은 매우 극소수임을 알 수 있는 대목이다.

최근 챗GPT를 사용하는 사용자수 역시 줄고 있다. 2023년 7월 6일, 트래픽 통계·분석업체 '시밀러웹(Similarweb)' 발표에 따르면, 챗GPT의 6

월 한 달간 데스크톱 및 모바일 트래픽은 전달보다 9.7%, 순 방문자 수는 5.7%, 이용 시간은 8.5% 줄어들었다. 챗GPT뿐만 아니다. 다른 생성형 AI 의 트래픽 역시 줄었다. 아래 그래프에서 알 수 있듯 챗GPT와 비슷한 생성형AI인 마이크로소프트 빙챗과 구글 바드 역시 추세가 꺾인 모습을 보이고 있다.

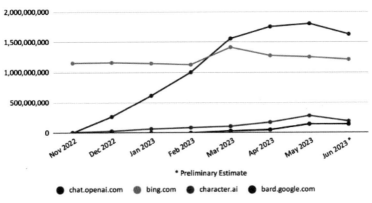

줄어들고 있는 생성형 AI 방문자수 (출처: 시밀러웹)

내 주변사람들만 봐도 생성형 AI에 대한 관심도가 떨어졌음을 느낄 수 있다. 2023년 8월, 『챗GPT 글쓰기 테크닉』 강의를 하기 위해 방문한 전라북도교육청 교직연수원 6급 공무원 연수교육 현장에서 나는 놀라는 사실을 발견할 수 있었다. 수강생의 3분의 2 이상이 챗GPT라는 존재를 알고만 있을 뿐 제대로 이용해 본 적이 없다고 답했다. 이는 내 예상치를 크게 벗어난 수치였다. 적어도 절반 이상의 공무원이 챗GPT를 그래도 조금이나마 사용하고 있을 줄 알았기 때문이다. 필자는 공무원분들이 검색이나 메일 작성과 같은 간단한 업무에서 챗GPT의 도움을 받고 있다고 생각했었다. 내 고향친구들에게 물어보니 상황은 마찬가지였다. 생각보다 챗GPT를 잘 활용하고 있는 사람들이 많지 않았다. 또한, 챗GPT를 쓰다가 실망하고, 더이상 쓰지 않은 사람들도 많았다.

물론 챗GPT의 한계는 분명하다. 먼저 처리할 수 있는 최신 정보가 2021년 9월까지로 제한되어 있다. 챗GPT에 '현재 대한민국 대통령이 누구야?' 라고 물어보면 다음과 같이 답을 받을 수 있다.

 제가 알고 있는 정보는 2021년 9월까지로 제한되어 있어, 그 시점까지의 대한민국 대통령은 문재인이었습니다. 현재의 대통령에 대한 최신 정보를 얻으시려면 신뢰할 수 있는 최신 출처를 참조하시기 바랍니다.

챗GPT의 한계

최신 데이터를 반영하지 못하는 점은 챗GPT의 큰 한계점 중 하나다. 이런 한계점을 보완하기 위해 챗GPT는 2023년 5월 '웹 브라우징(Web Browsing)' 기능을 유료구독자인 챗GPT Plus 회원들을 대상으로 서비스했다. 하지만 웹검색 및 크롤링 과정에서 환각 오류 현상인 '할루시네이션(Hallucination)'이 빈번하게 발생했다. 따라서 OpenAI는 성능 개선을 위해 2023년 7월 3일부로 웹 브라우징 모드를 비활성 시켰다. 참고로 현재는 웹 브라우징 기능을 챗GPT 플러그인 중 하나인 'Webpilot'이나 'KeyMate.AI' 플러그인이 담당하고 있다. KeyMate.AI 플러그인은 제한적인 무료 플러그인인 반면, Webpilot은 무제한 무료 플러그인이기에 필자는 개인적으로 Webpilot 플러그인을 추천한다.

챗GPT 의 업데이트 속도는 엄청나게 빠르다. 원고를 마감하던 중에 오픈AI가 또 한 번의 대대적인 서비스 개편 소식을 발표했다. 바로 과거 웹 브라우징 모드 '빙(Bing) 브라우저'를 다시 챗GPT에 적용한다는 것이었다. 이에 따라 이제 최신 정보를 챗GPT로도 검색할 수 있을 것이다.

또한, 챗GPT를 과정에서는 인내심이 필요하다. 원하는 결과물을 산출하기 위해서는 여러 번의 시도와 수정이 수반된다. 챗GPT가 내놓은 결과물이 마음에 들지 않으면 먼저 우리는 답변을 재생성할 수 있다. 'Regenerate(재생성하기)' 버튼을 눌러 새로운 답변을 받아보는 것이다. 챗GPT는 동일한 요청일지라도 재생성 버튼을 누르면 맥락은 비슷하지만, 전혀 다른 답을 내놓는다. 이 과정에서 내가 원하는 수준의 답변을 받아볼 가능성이 생기는 것이다. 그러나 2~3번 정도 답변을 새롭게 받아 봐도 원하는 답변을 받지 못할 수 있다. 이럴 때는 기존 작성된 '프롬프트(Prompt)'의 단어와 문장을 수정해야 한다. 여기서 프롬프트는 챗GPT에게 명령하는 문장 또는 질문을 의미한다. 특히 이 과정이 반복되면, 대다수는 '내가 직접 하는 것이 빠르겠다'라는 생각을 갖기 마련이다.

챗GPT는 그럴싸한 거짓말을 하기도 한다. 이 현상을 영어로 '할루시네이션(Hallucination)'이라고 한다. 위에서 언급한 웹 브라우징 기능을 멈

춘 원인이기도 한 할루시네이션은 인공지능 모델인 챗GPT가 실제로 없는 사실이나 정보가 있는 것처럼 거짓 답변하는 현상을 의미한다. 챗GPT가 부정확하거나 거짓된 정보를 미리 학습하거나 사용자의 의도가 불명확할 경우 사실과 다른 결과물을 산출할 가능성이 커진다.

'콩쥐팥쥐' 설화를 챗GPT에게 설명해달라고 요청하면 할루시네이션의 양상을 살펴볼 수 있다. 참고로 콩쥐팥쥐 설화는 계모 밑에서 학대를 받던 콩쥐가 고귀한 인물과 혼인하게 되고, 콩쥐를 괴롭히던 팥쥐와 계모는 처벌을 받는다는 권선징악 내용의 이야기다. 또한, 콩쥐와 팥쥐는 쥐가 아닌 사람인 등장인물이다. 그러나 아래 챗GPT 답변을 살펴보면, 뜬금없이 '쥐'가 등장하고 콩쥐는 콩을 구해오는 쥐로 팥쥐는 팥을 구해오는 쥐로 묘사되고 있다. 이야기의 핵심주제 또한 협동과 우정으로 챗GPT는 말하고 있으며, 이를 통해 챗GPT가 콩쥐팥쥐 설화에 대한 맥락적 지식이 없음에도 이야기를 그럴싸하게 지어냈음을 알 수 있다.

'콩쥐 팥쥐'는 한국 전래동화 중 하나로, 어린이들을 위해 전해지는 사랑스러운 이야기입니다. 이 이야기는 콩과 팥이라는 두 마리의 쥐가 우정과 협동을 통해 어려움을 극복하는 이야기로 알려져 있습니다. 아래에서 '콩쥐 팥쥐' 이야기를 소개해드리겠습니다.

한 마을에는 콩쥐와 팥쥐라는 두 마리의 쥐가 살고 있었습니다. 어느 날 두 쥐는 겨울을 맞아 식량을 저장하기로 결심합니다. 콩쥐는 콩을, 팥쥐는 팥을 구해오기 시작합니다. 그러나 외로운 숲속에서는 위험과 어려움이 많았습니다.

콩쥐는 콩을 구하기 위해 나무에 올라가고, 팥쥐는 팥을 구하기 위해 땅속으로 파고들었습니다. 그들은 서로의 부족한 부분을 채워주고 도움을 주며 협동하여 식량을 모으게 됩니다. 콩쥐는 팥쥐를 안전하게 올리고, 팥쥐는 콩쥐에게 식량을 나눠주는 협력 관계를 형성합니다.

그리고 겨울이 찾아왔을 때, 다른 동물들은 식량이 부족하여 도움을 구합니다. 콩쥐와 팥쥐는 자신들의 모은 식량을 나눠주고 도움을 줍니다. 그 결과, 모든 동물들은 겨울을 편안하게 보낼 수 있게 되었습니다.

'콩쥐 팥쥐' 이야기는 협동과 우정의 중요성을 강조하는 이야기입니다. 쥐들은 각자의 능력과 장점을 발휘하고 서로를 돕는 협력을 통해 어려움을 극복하고 다른 동물들에게도 도움을 주는 모범적인 행동을 보여줍니다. 이 이야기는 어린이들에게 협동의 가치와 다른 사람들을 도와주는 마음을 심어줄 수 있는 교훈을 담고 있습니다.

할루시네이션 사례 '콩쥐팥쥐 이야기'

자, 그럼 이제 챗GPT를 통해 꽤 괜찮은 결과물을 받았다고 가정해보자. 이 경우에도 해당 결과물을 그대로 사용하지 못할 가능성이 크다. 세 가지 이유 때문인데, 첫 번째 이유는 내용 검증이 필요하기 때문이다. 최신 데이터 미반영 및 할루시네이션 문제 이외에도 추가적인 사실 검증이 수반되어야 한다. 특히 특정 자료의 출처와 자료에서 언급하는 숫자들이 정확한지 등에 대한 팩트체크는 챗GPT를 사용하는 우리의 몫이다. 2023년 6월 28일 한국일보 '미 변호사들, 재판서 챗GPT가 쓴 가짜 판례 제시했다 벌금' 기사를 살펴보면 미국 변호사들이 챗GPT가 제공한 가짜 판례와 인용 문구에 대한 진위를 검증하지 않고 그대로 사용하여 변론해 벌금 5천 달러가 선고된 사례가 있다. 이처럼 챗GPT가 산출한 결과물을 있는 그대로 믿기에는 큰 위험이 따른다.

둘째, 챗GPT를 통해 얻은 결과물의 문체나 스타일에 대해서도 수정이 필요하다. 특히 챗GPT는 영어를 기반으로 학습이 이뤄져 산출된 결과물에 번역투 문장이 많이 포함되어 있다. 부자연스러운 결과물을 자연스러운 한국어 결과물로 끌어내는 일은 아직 사용자인 우리 몫이다. 또한, 개별 작가의 글쓰기 스타일을 충분히 반영하지 못하는 때도 있다. 물론 이후에 언급할 챗GPT 글쓰기 테크닉과 프롬프트 엔지니어링 기법을 소개하면서 최대한 글쓰기 스타일을 반영한 결과물을 도출하는 방법을 소개할 것이다. 하지만, 이 또한 완벽하지 않다는 점을 미리 언급하고자 한다.

셋째, 챗GPT는 프롬프트에 부여한 세부조건 및 디테일을 빠뜨리는 실수를 범하기도 한다. 세부조건 및 디테일은 결과물의 정확성과 질적인 측면에서 중요한 요소다. 아래 '챗GPT 명령 조건 넣기 사례'와 같이 문장 스타일에 조건을 부여하고 문장 10개를 출력해달라는 프롬프트를 작성한 사례를 살펴보자. 챗GPT가 산출한 결과물을 보면 꽤 괜찮은 문장인 듯 보인다. 그러나 자세하게 살펴보면 '어절 8개로 구성하라'라는 스타일 조건이 있음에도 그렇지 않은 문장을 쉽게 찾을 수 있다. 참고로 어절은 문장 성분의 최소 단위로서 '띄어쓰기'의 단위다. 아래 출력된 문장 중 1번, 7번, 8번 문장을 제외한 나머지 문장 모두는 '어절 8개'의 조건을 충족시키지 못했다. 이러한 오류를 잡아내는 것 역시 사용자의 몫인 것이다.

Q 문장 10개를 출력하면 돼.
조건은 다음과 같아.

[스타일]
1. 어절은 8개 이상으로 구성해줘
2. 종결어미는 평서문 형태로 현재형이면 '한다'.
과거형이면 '했다'와 같은 식으로 작성해줘.

[내용]
1. "ChatGPT 글쓰기 테크닉"과 관련한 핵심내용이면 돼

 네, 지정해주신 조건에 따라 문장을 작성해 볼게요.

1. "ChatGPT 글쓰기 테크닉"은 AI의 문장 생성 능력을
활용한다.
2. 이 기법은 글쓰기에 새로운 차원을 추가했다.
3. 사용자는 ChatGPT에 특정 스타일을 지시할 수 있다.
4. 프롬프트 엔지니어링은 결과물의 품질을 크게 향상시
킨다.
5. ChatGPT는 구체적이고 명확한 지시를 잘 따른다.
6. 이는 복잡한 작업을 간단하게 만드는 기능을 제공한다.
7. 롤 플레이를 활용하면 특정 시나리오에 대한 풍부한
내용을 생성할 수 있다.
8. 감정과 톤을 조절하는 기능은 매우 다양한 글쓰기 요
구사항을 충족시킨다.

9. ChatGPT 글쓰기 테크닉은 놀라운 창조성과 효율성을 제공한다.
10. 이 기법은 우리의 글쓰기 방식을 완전히 변화시켰다.

챗GPT 명령 조건 넣기 사례

Q 10번의 경우 어절이 7개인 것 같은데?

죄송합니다. 확인해보니, 맞습니다. "이 기법은 기존의 글쓰기 방식을 완전히 혁신시켰다"라는 문장은 7개의 어절로 이루어져 있습니다. 지시사항을 정확히 이행하지 못해 죄송합니다. 수정된 10번 문장은 다음과 같습니다:

1. "ChatGPT글쓰기 테크닉"은 기존의 글쓰기 방식을 완전히 혁신시켰다고 말할 수 있다.

이번에는 8개의 어절로 이루어져 있습니다. 다시 한번 확인해주시면 감사하겠습니다.

조건을 빠뜨린 오류사례

2

새로운 패러다임, 새로운 글쓰기

앞서 언급한 한계와 단점이 있음에도 글쓰기에 챗GPT 도입하는 것은 선택이 아닌 필수다. 챗GPT가 우리에게 제공하는 가치가 문제점들을 압도하기 때문이다. 글 쓰는 작가로서 챗GPT를 적절하고 올바르게 사용한다면 다양한 편익을 얻을 수 있다. 챗GPT는 글쓰기에 필요한 거의 모든 기능 또는 도구를 제공한다. 챗GPT는 글의 방향성을 확립하는데 다양한 아이디어를 제안해 줄 수 있고, 글의 초안을 작성해주고, 글을 평가까지 할 수 있다. 나아가 챗GPT는 글쓰기 방식의 혁신과 변화를 일으키고 있으며 새로운 글쓰기 패러다임을 정립할 것이다.

챗GPT를 글쓰기에 활용하면 얻을 수 있는 가장 큰 장점으로는 시간 효율성을 들 수 있다. 글쓰기 과정은 모두 수작업으로 처리된다. 우리는 글을 본격적으로 쓰기에 앞서 주제를 정하기 위해 고민한다. 이때 몇몇 작가는 글감이 떠오르지 않아 글을 전혀 쓰지 못해 고생하기도 한다. 또 아이디어뿐일까? 글을 쓰기 위해서는 쓰고자 하는 글에 맞는 자료나 글감을 수집해야 한다. 이를 위해서는 우리가 직접 구글이나 네이버를 검색하거나, 도서관에 가서 필요한 책을 찾아야 한다. 여기서 끝이 아니다. 이제 직접 글을 써야 한다. 좋은 글을 구성하고 깔끔한 문장을 쓰기 위해서는 깊은 고민과 인내가 필요하다. 책을 한 번이라도 써본 작가라면 이 과정이 얼마나 고된 작업인지 잘 알 것이다. 원고 초안이 완성되어도 할 일이 남아 있다. 초고를 다시 읽어보며 오탈자나 내용의 오류가 없는지 살펴보는 퇴고를 진행해야 한다. 이처럼 글을 쓰기 위해서는 많은 시간이 소요된다는 것은 어쩌면 당연할 것일지도 모른다.

챗GPT는 이런 글쓰기 전반에 활용될 수 있다. 구체적으로 챗GPT가 어떻게 도움을 줄 수 있을지 하나하나 살펴보도록 하자. 먼저 글의 주제나 방향성을 잡는 데 많은 도움을 줄 수 있다. 특히 챗GPT를 통해 '작가의 벽(Writer's Block)'을 극복할 수 있다. 작가의 벽은 아이디어를 떠올리거나 글을 쓰는 데 어려움을 겪는 상태를 말한다. 글을 쓰려고 앉았는데, 흰 화면의 워드 프로그램을 켜두고, 커서만 깜빡깜빡하는 상태로 아이디어가 잘 떠오르지 않고 글도 쓰지 못하는 상황이 바로 작가의 벽에 봉착한 상황인 것이다. 수많은 글을 남겼던 영국의 유명 소설가이자 극작가였던 '그레이엄 그린(Graham Greene)' 역시 경험했을 정도로 '작가의 벽' 현상은 글을 쓰는 작가들에게 흔히 발생하는 어려움이다. 챗GPT는 글쓰기의 방향과 주제를 설정하는 데 도움이 되는 수많은 아이디어와 소재를 제공하거나 추천할 수 있다. 챗GPT는 단순하게 1개의 아이디어가 아닌 요청에 따라 이론상 무한대로 아이디어를 제공할 수 있다. 챗GPT에게 단순히 질문하는 것만으로도 이제 작가는 글쓰기 모드에 전환할 수 있는 세상이 도래한 것이다.

챗GPT가 작가에게 아이디어를 제안하는 사례는 다음과 같다. 작가가 '미래의 사회문제에 대한 에세이를 쓰고 싶다.'고 챗GPT에게 요청하면, 챗GPT는 해당 주제와 관련된 여러 하위 주제를 제안한다. 예를 들어, '기후 변화의 장기적 영향', '인공지능의 윤리적 문제', '개인정보 보호와 빅데이터' 등을 추천해준다. 위 주제들 역시 광범위한 주제이기 때문에 작가는 챗GPT가 제시한 주제 중 하나를 선택할 수 있다. 작가가 '인공지능의 윤리적 문제'에 더 깊게 다루고 싶다고 결정했다면, 챗GPT는 이에 대한 시사점 또는 생각할 지점들을 제시하여 글의 깊이를 더할 수 있도록 도와준다. 이처럼 챗GPT는 단계적으로 작가가 글의 주제와 방향성을 잡는 데 도움을 줄 수 있다.

글쓰기를 위한 자료를 찾을 때도 챗GPT는 요긴하게 활용될 수 있다. 질문만 잘하면 된다. 현재 어떤 글을 쓰고 있는지 그리고 어떤 목적으로 자료를 찾는지 제대로 챗GPT에게 물어볼 수만 있다면 글에 필요한 대략적인 자료들 찾아볼 수 있다. 내가 직접 자료를 찾고, 글 주제에 맞는 소재를 추리는 과정이 필요치 않다. 챗GPT가 곧바로 글을 쓸 수 있도록 필요한 자료를 엄선하기 때문이다. 이는 자연스럽게 시간 단축으로 이어진다. 후술하겠지만, 만약 제대로 된 출처 자료가 필요하다면 챗GPT와 유사한 생성형 AI 도구인 '빙챗(Bing Chat)'과 '구글 바드(Bard)'를 활용하는 것을 강력히 추천한다. 무료 버전인 챗GPT 3.5버전의 경우 2021년 9월까지의 정보를 반영하고 있고, 제공되는 출처 또한 정확하지 않다. 반면, 빙챗과

구글 바드의 경우 비교적 정확한 출처와 최신자료를 제공하니 이 점을 참
고하면 좋다.

마이크로소프트의 빙챗 (Bing Chat)

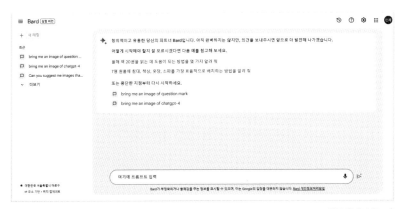

구글의 바드 (Bard)

본격적으로 글을 쓸 때 비로소 챗GPT의 진가가 나타난다. 챗GPT는 글의 초안을 작성할 수 있다. 필자는 이 점이 글쓰기의 혁신이라 생각한다. 챗GPT를 통해 작가는 글쓰기 부담을 획기적으로 줄여준다. 글쓰기는 작가의 생각과 경험, 즉 아이디어를 정리하는 부분과 독자들에게 전달하는 부분으로 구성이 되어 있다. 그동안 작가는 이 두 가지 부분 모두를 신경써야 했지만, 이제 아이디어나 글의 방향성을 챗GPT의 도움을 받아 선택하고, 이를 작가는 글로 형상화해 내는 데에만 집중하면 된다. 다시 말해, 이제 독자들에게 내용을 전달하는 글쓰기의 역할 대부분을 이제 챗GPT에게 맡길 수 있는 것이다. 이제 작가는 글의 핵심내용을 바탕으로 글쓰기를 챗GPT에게 요청하고, 챗GPT가 내 의도대로 글을 썼는지 확인하고, 고쳐 쓰면 된다. 빈 종이에 새롭게 글을 쓰는 것이 아니라 기존에 작성된 글을 검토하고 고쳐 쓰는 방식으로 글을 쓰면 되는 것이다.

여기서 짚고 넘어가야 할 부분이 있다. 다시 언급하지만, 챗GPT는 우리들의 생각을 그대로 구현하는 마법 도구가 아니다. 챗GPT는 완벽한 글을 작성하지 못한다. 단지 글의 아이디어와 방향성에 맞는 글의 초안을 작성해 줄 뿐이다. 챗GPT가 작성한 초안은 글 한 편이라는 성을 쌓아 올리기 위한 토대가 되어 주는 것이다. 이후 성을 쌓아 올리는 작업은 작가의 몫이라는 의미다. 작가는 챗GPT가 제공한 초안을 바탕으로 자신의 스타일과 논리를 더해야 한다. 결국, 챗GPT가 제공한 초안을 검토하고, 평가하고, 수정하며 최종원고를 만들어나가는 최종 역할은 작가가 수행해야 한다. 챗GPT가 작가의 마음을 읽고, 작가가 흡족해서 할만한 단 한 번에 쓰기란 불가능하다.

퇴고할 때에도 챗GPT는 작가에게 많은 도움을 줄 수 있다. 챗GPT는 문법적 오류나 어색한 표현을 찾아내고 수정할 수 있는 기능이 있다. 작가는 완성된 글을 다시 한번 읽어보면서 챗GPT에게 검토를 요청할 수 있다. 만약 '활용'이라는 단어가 자주 쓰여서 유의어로 바꾸고 싶다면 '활용'의 유사어를 물어볼 수 있다. 단순하게 프롬프트에 '활용'의 유사어라고만 챗GPT에게 요청해도 '이용', '사용'과 같은 유의어를 알려준다. 문장 자체가 교정이 필요하다면 문장 자체 교정을 요청할 수도 있다. 예를 들어 '챗GPT는 글쓰기 시간을 줄이는 데 효과적이다.'라는 문장을 고쳐 써달라고 요청하면, '챗GPT는 글을 쓰는 시간을 줄이는 데 큰 도움을 준다.'와 같은 답을 받아 볼 수 있다.

> **Q** '활용'이라는 단어의 유의어를 알려줘

> **⑤** '활용'의 유의어로는 '이용', '활향', '적용', '사용' 등이 있습니다.

챗GPT에게 유의어 요청 사례

챗GPT는 글쓰기 과정 전반에 거쳐 '글쓰기 비서' 역할을 수행한다. 누구나 쉽게 글쓰기를 할 수 있는 환경을 챗GPT가 조성하는 것이다. 이는 곧 글쓰기의 대중화를 의미한다. 그간, 글쓰기는 대체로 전문 작가들의 전유물이었다. 글을 쓴 경험이 있는 사람들만 계속 글을 쓰고, 이미 출판된 작가들만 새로운 책을 출간했다. 많은 사람이 글을 쓰고 나아가 책을 쓰고 작가로 데뷔하고 싶었지만, 글쓰기의 장벽은 높았다. 밥벌이하면서 바쁜 일상 속에서 생각을 정리하고 그것을 다시 글로 풀어내는 일은 쉽지 않았다. 그러나 이제는 챗GPT를 통해 글쓰기가 누구에게나 도전할 만한 분야가 되었다. 인공지능 전문가인 김대식 카이스트 교수는 '챗GPT로 인해 출판산업의 변화가 있을 것'이라 언급하며 스포츠산업과 같이 출판산업에도 프로 작가 리그와 아마추어 작가 리그가 생길 것으로 전망하기도 했다.

챗GPT를 비롯한 생성형 AI의 등장으로 인해 글쓰기 정의가 바뀌고 있다. AI 시대 글쓰기는 이제 챗GPT를 비롯한 AI와의 커뮤니케이션을 의미한다. 더는 글쓰기는 단순히 작가의 생각과 경험을 글로 옮기는 것만을 의미하지 않는다. AI와 소통하면서 새로운 아이디어를 도출하고, 글을 쓰는 과정에서 챗GPT를 비롯한 생성형 AI의 의견을 구하는 과정 역시 글쓰기의 일부가 된 것이다. 글을 쓰기 위해 무작정 책을 찾고 구글을 검색하던 시대는 과거가 되었다. 이제 글쓰기의 시작과 끝을 챗GPT와 함께 해야 한다. 이제 새로운 패러다임의 글쓰기에 적응해야 할 시점이다. 새로운 글쓰기 패러다임이 도래했다.

3

ChatGPT 원리와 커뮤니케이션

이제 챗GPT에 대해 차례로 알아보자. 새로운 방식의 글쓰기를 제대로 이해하기 위해서는 챗GPT 작동원리에 대한 이해는 필수다. 챗GPT에서 'GPT'는 'Generative Pre-trained Transformer'의 약자로 한국어로는 '생성형 사전학습 트랜스포머'로 번역할 수 있다. 여기서 '트랜스포머'란, 일상에서 사용하는 언어, 즉 자연어를 처리하는 인공지능 모델 구조 중 한 가지를 의미한다. 생성형 AI인 챗GPT의 중심은 바로 'Pre-trained', 즉 사전학습에 있다. 챗GPT는 인터넷에서 수집한 방대한 텍스트 데이터를 학습하며, 이 과정에서 언어의 다양한 패턴과 규칙을 습득하고, 단어 간의 연관성을 파악하여 다음에 어떤 단어나 문장이 올지를 예측하는 연습을 한다. 챗GPT는 이러한 사전학습 과정을 통해 사용자가 입력한 질문에 답변하는 것이다.

챗GPT가 텍스트 데이터를 사전학습하는 방식을 살펴보면 중요한 한 가지를 깨달을 수 있다. 바로 챗GPT가 텍스트를 생성하는 원리는 우리가 언어를 이해하는 방식과 다르다는 점이다. 챗GPT는 텍스트 데이터의 패턴과 규칙 또는 구조를 파악해, 이를 바탕으로 가장 확률이 높은 결과물을 산출한다. 다시 말해 챗GPT가 질문 내용을 잘 이해하고 답변하는 것 같지만, 사실 프롬프트에 들어간 단어 및 키워드를 활용하여 가장 통계적으로 유의미한 결과물을 만들어 낼 뿐이다. 이는 우리가 어떻게 챗GPT와 소통해야 할지에 대한 중요한 시사점을 준다. 정리하면, 챗GPT는 우리가 사용하는 언어, 즉 자연어를 이해하는 것이 아니라 텍스트의 패턴과 구조를 사전학습하고, 이를 바탕으로 가장 확률값이 높은 답을 한다는 것이다. 이러한 챗GPT의 작동원리를 통해 우리는 챗GPT와의 효과적인 커뮤니케이션 방법에 대해 유추해 볼 수 있다.

앞서 우리는 생성형 AI 시대 글쓰기를 챗GPT를 포함한 생성형 AI와의 커뮤니케이션으로 정의했다. 그렇다면 챗GPT와 효과적으로 커뮤니케이션을 한다는 의미는 무엇일까? 바로 사용자인 우리가 원하는 결과물 또는 답변을 받을 수 있도록 통계적 확률을 높일 수 있는 명령어인 프롬프트를 잘 작성하는 것을 뜻한다. 챗GPT가 텍스트의 패턴과 구조를 학습하는 원리를 이용해 프롬프트를 작성하여 원하는 답변의 질적 향상을 추구하는 것이 챗GPT 글쓰기의 시작이다. 또한, 이것이 바로 후술할 프롬프트 엔지니어링의 기초이기도 하며, 이 책을 집필하는 궁극적인 목적이기도 하다.

그렇다면 프롬프트를 어떻게 작성해야 챗GPT로부터 우리가 원하는 양질의 결과물을 받아볼 수 있을까? 먼저 단도직입적으로 챗GPT를 효율적으로 사용하는 방법이나 내가 의도한 결과물을 얻는 방법에 대한 팁을 직접 물어보자. 이때 주의할 점은 챗GPT는 매 순간 다른 답변을 내놓는 특성이 있으므로 여러 번 반복하여 질문하고, 맥락과 의미는 비슷하지만 다른 단어와 문장으로 바꿔 물어봐야 한다는 것이다.

다음은 ChatGPT를 효율적으로 사용하는 방법에 대한 몇 가지 팁입니다:

1. 명확하고 구체적인 프롬프트 사용: 프롬프트가 구체적일수록, ChatGPT의 응답이 더 정확하고 관련성이 높아집니다. 예를 들어, "개에 대해 이야기해주세요" 대신 "골든 리트리버의 일반적인 건강 문제는 무엇인가요?"와 같은 구체적인 질문을 사용해 보세요.

2. 간결한 프롬프트 사용: ChatGPT는 대략 100-200자 정도인 간결하고 명확한 프롬프트를 사용할 때 가장 효과적으로 작동합니다. 프롬프트를 짧고 간결하게 유지하려고 노력하세요.

3. 올바른 문법과 철자 사용: ChatGPT는 올바른 문법과 철자를 사용하면 프롬프트를 이해하는 데 더욱 수월해집니다. 애매한 의미를 가지는 줄임말이나 용어를 사용하지 마세요.

4. 다양한 프롬프트 시도: ChatGPT는 다양한 응답을 생성할 수 있으므로, 원하는 정보를 얻기 위해 다양한 프롬프트를 시도해 보세요.

프롬프트를 입력하는 방법은 매우 간단합니다. 입력 상자에 질문이나 명령어를 입력하면, ChatGPT가 입력 내용을 기반으로 응답을 생성합니다. 프롬프트를 입력한 후 "전송"을 클릭하면 ChatGPT의 응답을 받을 수 있습니다.

챗GPT 유의어 요청 사례

그 결과 챗GPT와 잘 소통하기 위해서는 명확하고 구체적인 프롬프트 작성이 중요하다는 사실을 알 수 있다. 특히 프롬프트를 바꿔 질문하고 여러 번 답변을 재생성하는 등 챗GPT는 명확하고 구체적인 프롬프트 작성을 할 것을 강조했다. 그만큼 명확하고 구체적인 질문을 하는 것은 우리가 의도한 결과물을 산출하는데 핵심적인 전략인 것이다. 위의 사례와 같이 '개에 대해 이야기해주세요'보다는 '골드 리트리버의 일반적인 건강 문제는 무엇인가요?'와 같은 질문을 하라는 것이다.

왜 이러한 방식으로 질문해야 할까? 질문이 명확하고 구체적일수록 챗GPT가 사전에 학습한 텍스트 데이터셋에서 쉽게 적절한 응답을 찾을 수 있기 때문이다. 바꿔 말하면, 질문이 구체적이라면 챗GPT가 사전 학습한 자료 중 참고해야 할 자료의 범위가 축소되고, 이는 좋은 답변을 할 확률을 높이는 결과로 이어진다. 반대로 포괄적이고 모호한 프롬프트가 입력하게 되면 챗GPT는 해당 질문과 관련한 더 방대한 데이터셋을 참고해야 하고 이에 따라 응답에 대한 경우의 수가 증가하므로 의도한 답변을 얻기 힘들어진다.

간결한 프롬프트 작성하는 방법 역시 챗GPT로부터 원하는 결과물을 얻는 데 있어 효과적인 전략 중 하나다. 프롬프트를 구성할 때 불필요한 정보를 최소화하고 필요한 정보만을 입력하는 것이다. 챗GPT는 대략적으로 100~200자 정도의 글자수를 추천하기도 한다. 그러나 간결한 프롬프트의 의미는 특정 글자수에 맞춰 명령어를 작성하는 것이 아니라 원하는 결과물과 무관한 단어나 정보를 최소화하는 것에 더 가깝다. 필수적인 단어와 문장을 입력하는 것 이외에 또 다른 팁은 바로 객관적인 단어 선택에 있다. 주관적인 표현보다는 사실적 표현이 정확한 결과를 도출하는 데 많은 도움이 된다. 또한 동시에 여러 개의 요청을 처리하는 것을 피하는 방법 역시 좋은 답변을 얻는 효과적인 팁이다. 가능하다면 한 번에 하나씩 챗GPT에게 요청하는 것이 좋다. 불필요하거나 너무 많은 정보나 모호한 표현을 프롬프트에 입력한다면 챗GPT가 사전 학습한 텍스트 데이터에서 잘못된 결과물을 가져오게 할 확률을 높이게 된다.

올바른 철자 및 맞춤법 사용과 다양한 프롬프트를 시도하는 방법 역시 챗GPT가 좋은 답변을 낼 수 있는 확률을 높일 수 있다. 오탈자 또는 맞춤법에서의 오류는 입력한 프롬프트 정보를 챗GPT가 제대로 이해하는 것을 방해하게 되며, 이로 인해 질 낮은 결과물을 산출할 가능성이 커진다. 예를 들어, '토마토'라는 단어를 잘못 입력해 '포마포'라고 입력하게 되면 아래와 같은 답변을 받게 된다.

> **Q** 포마포는 과일일까요?

> ⑤ '포마포'라는 용어는 일반적인 식물 또는 과일의 이름이
> 아닌 것으로 알려져 있습니다. 특정 문화 또는 지역에서
> 사용하는 용어일 수 있으므로 정확한 의미나 분류를
> 알려드리려면 추가적인 맥락이나 정보가 필요합니다.

챗GPT 유의어 요청 사례

여러 번 챗GPT로 프롬프트를 실험한 결과, 본래의 단어에서 한 글자 정도의 오류는 용인했다. 그런데도, 정확한 단어 사용은 챗GPT의 양질의 결과물 산출에 큰 영향을 미친다. 또한, 다양한 프롬프트를 시도한다는 것은 의미와 맥락을 유지한 채로 여러 관점 및 시각에서 접근하는 방법으로 이를 통해 챗GPT로부터 더 다양하고 풍부한 답변을 얻을 수 있다. 정확한 단어 선택과 여러 번의 프롬프트 시도 역시 챗GPT로부터 양질의 답변을 받을 수 있는 확률을 높이는 효과적인 방법인 것이다. 참고로 여러 번 프롬프트를 시도한다는 것의 의미는 두 가지로 구분될 수 있다. 하나는 아래 그림에서 볼 수 있는 'Regenerate(재생성)'이라는 버튼을 여러 번 눌러 같은 프롬프트로 다른 결과물을 받아보는 것을 의미한다. 다른 하나는 요청한 프롬프트 자체를 맥락이나 단어를 바꾸거나 재배치하는 것을 의미한다. 보통 프롬프트를 구체적이고 명확하게 바꿀수록 결과물의 품질

이 놀라울 정도로 개선된다.

챗GPT Regenerate 버튼

지금까지 효과적인 프롬프트 전략에 대해 알아봤다. 위에서 알아본 방법들은 챗GPT의 능력치를 최대한 끌어내기 위한 팁이라 할 수 있다. 생성형 AI인 챗GPT와 인간인 우리가 프롬프트를 매개로 커뮤니케이션을 한다고 할 때, 참여자인 우리 역시 결과물 산출에 많은 영향을 미친다. 우리가 가진 지식수준에 따라 질문하는 수준 역시 달라지고, 다시 질문의 질이 좋다면 챗GPT가 산출하는 결과 품질 역시 높아진다. 디자인 전문가가 챗GPT를 통해 디자인 기획안을 도출할 때는 비전문가와 달리 더 많은 디자인 전문용어를 활용하고 명확하고 구체적인 목적과 상황에 맞는 프롬프트를 작성할 수 있고, 이는 좋은 답변으로 이어질 수 있다. 챗GPT는 질문자의 지식수준이나 의도에 따라 답변이 달라지기 때문에 챗GPT를 더 잘 쓰기 위해서라도 우리는 계속해서 공부해야 한다.

4

ChatGPT 알아보기

챗GPT의 기본세팅과 인터페이스에 대해 간단하게 알아보자. 참고로 본 책은 챗GPT 활용법에 좀 더 주안점을 두었다. 따라서 챗GPT의 기능 소개 등에 대한 부분은 가볍게 다루고자 한다. 다만 챗GPT를 처음 접하는 분들을 위해 OpenAI사가 개발한 챗GPT 서비스에 접근하는 법과 프롬프트를 입력하는 인터페이스에 관한 내용을 잠깐 언급하고자 한다.

처음 챗GPT를 사용하는 분을 위해 챗GPT 기본세팅 방법을 언급하려 한다. 챗GPT를 접근하기 위해서는 차근차근 단계를 밟으면 된다. 첫째, 구글 크롬 검색창에 'ChatGPT'를 입력한다. 다음, [그림 4-1]과 같이 가장 맨 처음 나온 'ChatGPT'를 클릭한다. 둘째, [그림 4-2]와 같은 화면이 나오면 상황별로 두 개의 버튼 중 하나를 클릭한다. 한 번이라도 챗GPT를 사용해 본 적이 있거나 아이디가 있다면 'Log in'을 누르고, 아직 계정이 없다면 'Sign up' 버튼을 누른다. 챗GPT는 구글, 마이크로소프트, 혹은 애플 아이디가 있다면 간편하게 계정을 연동해 만들 수 있다. 없다면 본인의 이메일 주소를 통한 회원가입도 가능하다. 기존 아이디 혹은 이메일 주소를 입력해 회원가입을 완료했다면 모든 준비가 끝났다. [그림 4-3] 회원가입/로그인 화면에서 가입한 이메일 주소 입력 또는 계정 연동을 통해 로그인을 해보자. 다음, 아래 [그림 4-4] 화면이 보이면 챗GPT를 활용해 작업할 준비가 모두 끝났다.

[그림 4-1] 챗GPT 클릭

[그림 4-2] 챗GPT 화면

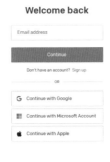

[그림 4-3] 회원가입/로그인 화면

[그림 4-4] 챗GPT 기본세팅 화면

챗GPT의 인터페이스는 직관적이다. 왼쪽 검정색 섹션은 챗GPT와 커뮤니케이션했던 내용들을 저장한 일종의 기록이다. 그리고 오른쪽 섹션은 우리가 챗GPT와 실제로 대화를 할 수 있는 소통창이라 할 수 있다. 아래 'Send a message' 문구가 들어가 있는 채팅창은 우리가 챗GPT에게 명령을 내리는 프롬프트를 입력하는 곳이다. 채팅창에 명령어 혹은 프롬프트를 입력하고 '삼각형' 모양을 누르거나 키보드 엔터(Enter)키를 누르면 챗GPT와 대화를 시작할 수 있다. 채팅창 바로 위를 살펴보면 챗GPT 프롬프트 입력 사례가 4개 정도 있는 것을 확인할 수 있다.

[그림 4-5] 업데이트되기 전 챗GPT 화면

참고로 업데이트되기 전 화면은 [그림 4-5]와 같았다. 해당 화면에는 챗GPT의 예시, 능력, 한계에 대한 설명이 나타나 있다. 몇 가지 포인트를 살펴보면, 챗GPT에게 우리는 특정 주제에 대한 정보를 묻거나 아이디어를 제안받을 수 있다. 또한, 단 한 번의 질문이 아닌 질문을 연속적으로 할 수 있는데, 이는 챗GPT가 이전 우리의 대화를 기억할 수 있음을 의미한다. 챗GPT는 종종 잘못되거나 편견이 가미된 내용을 산출할 수 있다는 한계점도 분명히 가지고 있다. 참고로 필자는 챗GPT 강의에서 챗GPT 개념을 소개할 때 업데이트 이전 화면을 인용하고 있다. 이전 챗GPT 화면에 있는 설명만으로 챗GPT에 대한 대략적인 이해를 할 수 있기 때문이다.

챗GPT 기본세팅은 끝났다. 이제 조금 더 챗GPT와 친해져 보자. 다음은 필자가 챗GPT 강의를 할 때 수강생들이 자주 질문했던 내용이다. 챗GPT와 관련한 궁금증을 하나씩 해결해 나가면 어느 순간 챗GPT가 친근하게 느껴지지 않을까? 하나씩 살펴보자.

가장 먼저 챗GPT에게 영어로 질문을 해야 하는지 한국어로 질문을 해야 하는지에 대한 질문부터 살펴보자. 결론적으로 영어로 질문을 하는 것이 가장 좋은 방법이다. 챗GPT는 한국어를 포함한 다양한 언어를 사전학습했지만, 이 중 영어로 된 텍스트 데이터가 가장 많다. 그러나 최종 결과물이 한국어일 경우 한국어로 질문하는 것이 좋다. 특히 글쓰기 영역에 있어서 말이다. 영어 텍스트를 번역하는 과정에서 발생하는 오류나 뉘앙스 손실을 피하고, 더욱 자연스러운 한국어 답변을 얻을 수 있기 때문이다.

우리는 챗GPT를 활용하여 효과적으로 글쓰기를 하는 것이 목적이므로 한국어로 된 프롬프트를 작성하는 것이 좋다. 덧붙이면, 유료버전인 챗

GPT-4의 한국어 이해도는 매우 높은 편이기도 하니 한국어로 프롬프트를 작성해도 답변 퀄리티가 크게 문제 되지 않는다. 하지만, 여전히 양질의 자료를 검색하는 등의 글쓰기 목적 이외로 챗GPT를 사용하는 경우에는 영어로 요청하는 것이 좋다는 점을 강조하고 싶다.

'챗GPT에게 반말로 질문을 해야 하나요? 아니면 존댓말을 해야 하나요?' 한국어는 다른 언어와 달리 '높임말'이라는 특수성을 지니고 있다. 그러나 챗GPT와의 커뮤니케이션에 있어 높임말을 쓰냐 안 쓰냐는 그리 중요한 요소는 아니다. 따라서 사용자인 우리는 편안하게 존댓말이나 반말 중 자신이 선호하는 언어 형식에 맞춰 프롬프트를 작성하면 된다. '오늘 날씨 어때?'라는 질문과 '오늘 날씨 어떠세요?'라는 질문에 대해 챗GPT는 변별하지 않는다는 의미다.

하지만 우리는 프롬프트가 간결할수록 챗GPT가 좋은 응답을 하는 사실을 이미 알고 있다. 따라서 높임말을 구사하기 위한 선어말어미 '-시'를 추가하는 존댓말보다 단순한 반말이 더 나은 결과물을 산출하는 데 도움은 될 수 있다. 하지만 반말과 존댓말의 차이는 극히 미미하기에 챗GPT는 자유롭게 원하는 방식을 선택해 사용할 것을 권하고 있다. 다만, 격식이 필요한 경우에는 높임말로 챗GPT와 대화하는 것을 추천한다. 그 이외의 경우는 반말도 괜찮다. 참고로 필자는 보통 챗GPT와 반말로 소통하는 편이다.

챗GPT가 제공하는 정보를 있는 그대로 믿을 수 있을까? 결론부터 말하면 챗GPT가 제공하는 정보를 부정확한 경우가 많다. 특히 디폴트(Default) 모델인 챗GPT-3.5은 실시간 웹 검색 능력이 없으므로 2021년

9월 이전의 학습 데이터로부터 정보를 추론해낸다. 또한, 별도로 정보에 대한 출처를 명시적으로 제공하지도 않는다. 따라서 챗GPT는 항상 틀린 정보를 제공하거나 실제로 존재하지 않는 출처를 인용할 가능성을 내포하고 있다. 이뿐만 아니다. 챗GPT는 그럴싸한 거짓말을 하기도 한다. 이를 영어로는 '할루시네이션(Hallucination)'이라고도 한다. 할루시네이션은 인공지능이 맥락과 관련 없거나 사실이 아닌 내용을 옳은 내용인 것처럼 답을 하는 현상을 일컫는다. 우리는 이러한 AI의 태생적 한계를 인식하고, 정보의 진위를 독립적으로 판단해야 한다. 이는 챗GPT를 사용하는 데 항상 주의가 필요한 이유다.

'챗GPT 유료구독을 해야 할까요?' 필자는 개인적으로 월 20달러(한화로 약 26,000원)씩 챗GPT 유료구독료를 내고 있다. 유료구독을 하는 이유 중 하나는 대기 시간 및 답변속도를 꼽을 수 있다. 무료로 챗GPT를 사용하는 경우 특정 시간대에 트래픽이 몰리게 되면 트래픽이 원활해질 때까지 꽤 많은 시간을 대기해야 하는 경우가 간혹 있다. 2023년 상반기에 많은 유저들이 트래픽 과부하를 의미하는 'ChatGPT is at capacity right now'라는 메시지를 실제로 많이 접하기도 했다. 현재는 챗GPT 서버용량이 늘어나 서버 과부화 현상이 많이 줄어들었다. 하지만, 아직도 간혹 챗GPT가 답변을 멈추는 현상을 보이기도 한다. 또한, 무료버전의 경우 답변속도가 유료버전보다 좀 늦다는 단점이 있다. 챗GPT를 사용할 때 시간을 좀 더 효율적으로 활용하고자 한다면 유료 버전을 구독하는 것도 좋은 생각이다.

또한, 챗GPT의 답변 수준을 더 높이기 위해서 유료구독을 하기도 한

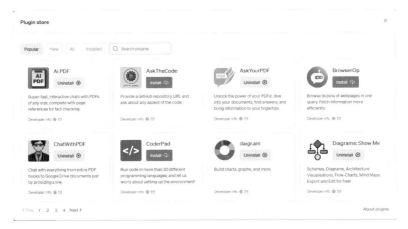

다. 필자가 유료구독을 하는 가장 큰 이유는 바로 유료구독을 해야만 챗
GPT-4 모델이 제공하는 다양한 편익을 얻을 수 있기 때문이다. 챗GPT-
3.5버전과 비교해 볼 때, 챗GPT-4의 문장생성 능력은 월등히 뛰어나다.
실제로 OpenAI에 따르면, GPT-4는 미국법학적성시험인 LSAT과 미국
수능인 SAT에서 높은 시험 점수를 받기도 했으며 AI가 거짓말을 하는
현상인 할루시네이션의 가능성도 3.5 버전에 비해 60% 낮다. 유료구독
의 장점은 이뿐만이 아니다. 마이크로소프트사의 검색엔진인 '빙(Bing)'
과 같이 'Webpilot' 플러그인 등을 활용해 웹검색을 할 수 있고, 최근
에 출시된 '코드 인터프리터(현: Advanced Data Analysis)' 기능을 통
해 워드, 엑셀 파일을 챗GPT에 업로드해 업무 효율화를 추구할 수 있다.
또한, OpenAI사와 제휴 및 협력하고 있는 여행 플랫폼인 '익스피디아

(Expedia)' 등 다양한 서비스의 플러그인을 사용해 실무에 맞춤형으로 활용할 수 있다.

이러한 유료구독의 장점에도 필자는 처음부터 유료구독을 하는 것을 추천하지 않는다. 챗GPT 무료 버전을 활용해 프롬프트를 잘 구성하는 것 만으로도 훌륭한 결과물을 산출할 수 있기 때문이다. 유료구독을 하기 전 에 먼저 프롬프트 작성기술을 익히는 것이 우선이다. 프롬프트를 잘 작성 하지 못하는데 유료구독을 하게 되면, 월 20달러 금액이 무의미하게 낭비 될 수 있다. 또한, 챗GPT-4 버전을 무료로 사용할 수 있는 방법도 있다. 마이크로소프트 브라우저인 마이크로소프트 엣지에 들어가 '빙(Bing)' 을 활용하는 방법이다. 마이크로소프트사는 OpenAI를 투자하기에 챗 GPT-4를 자체 검색 엔진인 Bing에 탑재했다. 이를 우리는 무료로 챗 GPT-4를 활용할 수 있다. 또 다른 방법도 있다. 바로 국내 AI기업인 뤼튼 (Wrtn) 서비스를 사용하는 것이다. 뤼튼 메인 화면에서 채팅창 오른쪽 하 단을 보면 GPT-4 버전을 클릭하고 프롬프트를 입력하면 챗GPT-4 모델 을 사용할 수 있다.

마이크로소프트 빙챗(Bing Chat) 메인 화면

뤼튼(Wrtn) 메인 화면

5

ChatGPT와 저작권

챗GPT가 인간 고유영역이라 생각되던 글쓰기와 같은 창작활동까지 개입하게 됨에 따라 많은 사람이 저작권 문제에 대해 걱정하고 있다. 빠르게 발전하는 기술에 비해 문화나 제도가 따라가지 못하는 현상인 '문화 지체(Cultural Lag)'도 발생하고 있다. 챗GPT를 이용해 콘텐츠를 생성한다면, 창작자의 권리를 침해할 우려가 발생한다. 챗GPT가 생성한 콘텐츠라 할지라도 원작자는 반드시 존재하기 때문이다. 따라서 생성된 콘텐츠의 저작권이 누구에게 귀속될 것인지 등 저작권과 관련한 모호한 지점들이 산재해 있다. 일부 사람들은 이러한 근거를 들어 챗GPT를 강력하게 규제해야 한다고 주장하기도 한다.

챗GPT와 저작권에 관한 내용을 살펴보기에 앞서, 먼저 우리나라의 저작권법을 잠시 살펴보자. 우리나라 저작권법에서 저작권의 정의를 명시한 제2조를 살펴보면, 저작물은 인간의 사상 또는 감정을 표현한 창작물이라

하고, 이러한 창작물을 만든 사람을 저작자로 명시하고 있다. 이 조항의 핵심은 동물도 아니고, 인공지능도 아닌 오로지 인간이 생산하고 만들어 낸 창작물만이 저작권법으로 보호를 받는다는 것이다. 몇 년 전 원숭이가 사진작가의 카메라를 빼앗아 찍은 '셀카'의 저작권에 대한 미국 캘리포니아 연방지방법원 및 샌프란시스코 연방 항소법원의 판결도 저작권의 주체는 인간임을 명확하게 명시하기도 했다. 나아가 저작권법 위반 소송을 제기할 권한을 가진 주체는 인간뿐이라고 판결하기도 했다.

셀레베스도가머리마카크 원숭이 셀카 (출처: 위키피디아)

위 셀레베스도가머리마카크 원숭이 셀카의 경우 단순하게 카메라 셔터를 눌렀던 행위에 불과해서 그럴 수 있을 거로 생각할 수 있다. 하지만 챗GPT 저작권의 경우 조금 다른 차원의 고민이 요구된다. 그동안 글쓰기는 인간만이 할 수 있는 고유영역으로 생각되어 왔기 때문이다. 실제로 글을 쓰기 위해서는 높은 지적 능력을 요구한다. 그런데 이러한 글쓰기를 챗GPT가 수행할 수 있다는 점에서 우리는 챗GPT라는 인공지능 기술에 대해 반감이 들 수 있다. 필자도 글과 말로 먹고살았던 문과생으로서 앞으로 어떻게 밥벌이를 해야 할지 걱정이 앞서기도 한다. '글쓰기'를 주요 기술로 가지고 있는 기자, 작가 등의 직군을 가진 분들이라면 역시 이러한 우려에 대해 깊게 공감할 것이다.

그렇다면 챗GPT가 산출한 결과물에 대한 저작권은 어떻게 되는 걸까? 원칙부터 말하자면, 챗GPT가 산출한 결과물은 챗GPT 프롬프트를 통해 명령한 사용자에게 귀속된다. 엄밀하게 말하면 챗GPT를 창작의 도구로써 이용한 사람만이 저작자가 되고 이에 대한 저작권을 취득할 수 있는 것이다. 책을 쓰려고 하는 작가가 챗GPT를 활용해 책의 제목을 추천받거나 목차를 만들고, 원고를 쓰는 모든 행위에 대한 권리는 챗GPT 사용자인 작가에게 귀속된다. 권리에는 당연히 책임이 따른다. 챗GPT가 산출한 결과물이 사용자에게 있다는 의미는 해당 결과에 대한 책임 역시 사용자에게 있다는 점을 주의하자.

챗GPT 저작권과 그에 대한 책임을 간접적으로 살펴볼 수 있는 사건이 있다. 뉴욕의 한 변호사가 챗GPT를 활용해 법정에 제출한 문서에 가짜 판례가 포함되어 큰 논란이 일어난 사건이다. 이 변호사는 '챗GPT에 속았다'며 자신의 실수를 인정했고, 이로 인해 그의 신뢰성과 전문성이 크게 훼손되었다. 이 사례는 챗GPT를 활용하는 사용자에게 중요한 교훈을 준다. 챗GPT가 산출한 결과물에 대한 저작권은 사용자에게 있으며, 그로 인한 책임 역시 사용자에게 있다는 사실을 우리에게 상기시켜준다. 따라서 챗GPT를 활용할 때는 그 결과가 어떤 영향을 미칠지 신중하게 고려해야 하며, 특히 전문적인 분야에서는 더욱 그렇다.

앞서 우리는 챗GPT가 많은 양의 텍스트 데이터를 사전에 학습해 답변하는 인공지능 모델이라는 사실을 배웠다. 그렇다면 당연히 이러한 추론이 가능하다. '챗GPT가 산출한 결과물에는 '원저작물'이 어디엔가 존재한다.' 다시 말해, 챗GPT의 결과물은 누군가의 글을 베껴온 것일 수 있다. 이러한 사실은 곧 결과물을 그대로 복사해 붙여넣기를 한다면 '표절'이 될 수 있다는 가능성을 내포한다. 이를 방지하기 위해서는 최소한 출처 표기라도 해야 한다. 그러나 챗GPT는 프롬프트에 대한 예측된 결괏값을 산출할 뿐 답변한 결과물의 특정 문서나 출처를 산출하지 않는다. 또한, 챗GPT 운영사인 OpenAI 역시 관련 자료나 문서에 대한 출처 또한 별도로 공개하지 않고 있다. 챗GPT에게 텍스트 자료들은 언어의 패턴 및 구조를 훈련하기 위한 자료일 뿐이라는 것이다. 설령 프롬프트를 통해 챗GPT에게 출력된 결과물을 인용한 대상의 출처를 요청해도 부정확한 경우가 대부분이다.

이러한 챗GPT의 답변에도 인공지능과 관련한 저작권 이슈는 전 세계적으로 일어나고 있다. 월트디즈니 일러스트레이터인 홀리 맹거트는 한 대학생이 자신의 작품 32장을 활용해 인공지능 학습을 했다는 사실을 알고

동의 없이 자신의 저작물을 활용해 인공지능을 학습시킨 행위가 정당한가 반문하기도 했다. AI 회사에 대한 소송도 빈번하게 이뤄지고 있다. 오픈 소스 기반 이미지 생성 AI인 '스테빌리티 AI(Stability AI)'는 이미지 플랫폼인 '게티 이미지(Getty Images)'로부터 소송을 당한 상황이다. 프로그래머들 역시 자신들이 만든 코드 데이터를 활용해 마이크로소프트가 대화형 AI코딩 모델인 '깃허브 코파일럿(GitHub Copilot)'을 만들었다며 저작권 침해 소송을 제기하기도 했다. 챗GPT 서비스를 운영하고 있는 오픈 AI 역시 월스트리트저널, 뉴욕타임스, 워싱턴포스트로부터 저작권 관련 문제를 제기당하고 있다.

챗GPT 사용자 입장에서 저작권 문제와 이슈로부터 조금 자유로울 수 있을까? 가장 기본적으로 저작권 문제를 해결하는 방법으로는 다시 쓰는 법이 있다. 챗GPT가 산출한 결과물을 사용자가 판단해 다시 글을 작성하는 방법이다. 지금 이 책을 집필하고 있는 필자 역시도 이와 같은 방식으로 원고를 쓰고 있다. 챗GPT의 답변은 참고자료로만 활용하는 것이다. 원하는 답변을 할 수 있는 하나의 프롬프트 틀을 작성해 두고, 내용만 바꿔 챗GPT가 글을 쓰게 한 다음, 해당 내용을 초안으로 삼고 글을 쓰는 것이다. 이 과정에서 실제 글을 쓰는 사용자의 생각과 표현이 가미될 수밖에 없다. 따라서 저작권 문제에 휘말릴 일이 줄어든다. 이 방식은 챗GPT로 글을 쓰는 가장 기본적인 방법이면서도 가장 권장되는 방법이다.

하지만, 만약 챗GPT가 내놓은 답변이 맘에 들고, 챗GPT를 의지해 좀 더 빠르게 글을 쓰고 싶다면 어떻게 해야 할까? 먼저 챗GPT가 산출한 결과물을 확인하고, 이후 구글 번역기나 파파고를 활용해 해당 내용을 영어로 번역한다. 준비는 끝났다. 다음, 번역된 글을 '퀼봇(Quillbot)' 사이트의 '의역(Paraphraser)' 기능을 활용하는 것이다. 이 의역 기능을 활용하면 의미와 맥락은 같지만, 문장 구조와 단어가 변경된 새로운 글을 만들수 있다. 그리고 의역된 글을 다시 영어에서 한국어로 바꿔 글을 복사 및 붙여넣기를 하면 된다. 이러한 과정을 거쳐 조금이라도 찜찜할 수 있는 저작권 문제로부터 자유로워질 수 있다. 이는 실제 논문 표절을 피하는 방식 중 하나인 '올바르게 다른 말로 표현하는 방법'을 응용한 것이다. 참고로 해당 기능은 현재 무료로 이용할 수 있으며 한 번 의역할 때 영어 기준 125자까지 지원된다. 한국어가 추후에 지원될 수 있을지는 아직 미지수이지만, 특히 챗GPT를 활용해 논문을 쓴다면 해당 기능의 위력을 체감할 수 있을 것이다.

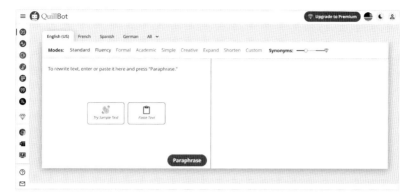

퀼봇(QuillBot)의 의역(Paraphraser) 기능

　최근 미국의 주요 인공지능 기업들은 'AI 안전 서약'을 발표했다. 이 서약에는 OpenAI, 구글, 마이크로소프트(MS)를 비롯해 메타와 아마존 등 글로벌기업, 그리고 앤트로픽과 인플렉션AI 등 대형언어모델(LLM)을 보유한 스타트업이 참여했다. 서약서에는 가짜 뉴스와 딥페이크를 방지하기 위한 워터마크 추가, AI 오남용 모니터링 팀 구성, 사이버 보안에 대한 투자 등 다양한 내용이 담겨 있다. 특히 서약에서 제시한 워터마크 도입과 사이버 보안 투자에 관한 조항은 논란이 되는 저작권 문제에 대한 해결과 AI 저작권 확립을 위한 중요한 첫걸음으로 해석될 수 있다.

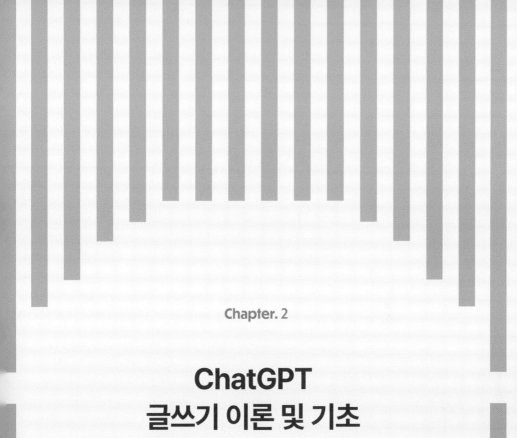

Chapter. 2

ChatGPT
글쓰기 이론 및 기초

6

ChatGPT와 국어문법

챗GPT 글쓰기를 잘하기 위해서는 국어문법 공부가 필요하다. '갑자기 챗GPT라는 최신 AI 기술에 뜬금없이 국어문법?' 이런 생각이 들 수도 있겠다. 우리가 국어문법을 완벽히 알지 못해도 한국어를 잘 구사하는 것처럼 챗GPT를 사용하는 데 있어 문법적 지식이 없어도 별문제가 없다. 그러나 챗GPT는 사용자인 지식 및 질문 수준에 따라 산출하는 답변 퀄리티가 달라지는 AI 기술이라는 점을 잊어서는 안 된다. 챗GPT의 최종 결과물인 글의 수준을 높이기 위해서는 글쓰기 관련 전문 지식을 함양해야 한다. 글쓰기 관련 전문 지식 중 하나가 바로 국어문법이다. 국어문법 지식을 활용한 프롬프트를 작성할 수 있다면 글의 스타일 등을 섬세하게 조율하고 표현의 다양성을 확보할 수 있어 챗GPT와의 커뮤니케이션 수준을 향상할 수 있다.

국어 문법책을 살펴보면 목차 분류 방식이 일부 차이가 있으나 대략 2

가지 방식으로 구성되고 있다. 『친절한 국어문법(개정판)』(김남미, 2016)의 목차는 국어문법을 크게 음운론, 형태론, 통사론으로 구성되어 있다. 반면, 『떠먹는 국어문법』(서울대 국어교육과 페다고지 프로젝트, 2023)의 경우 음운, 단어, 문장, 담화 등의 순으로 목차가 구성되어 있다. 사실 언어학 이론으로 목차를 구성하는 것과 문법적 요소에 따라 분류를 하는 것의 차이는 크게 없다. 좀 더 거시적으로 본다면 언어의 구성요소를 형태, 내용 그리고 사용으로 구분하고 각각에 따라 분류할 수도 있다. 언어의 형태는 음운론, 형태론, 통사론으로 구분하고, 언어의 내용적 측면으로는 의미론, 그리고 사용 측면에서 화용론으로 분류하기도 한다.

그렇다면 내가 의도하고 질 높은 답변을 챗GPT로부터 받는 데 필요한 국어 문법적 지식은 어떤 것일까? 문법 참고서에서 맨 처음에 등장하는 '음운'부터 살펴보자. 물론 자음과 모음을 의미하는 음소와 장단, 성조, 악센트 등을 뜻하는 운소의 준말인 음운에 관한 공부를 하는 것도 챗GPT 글쓰기 능력 향상에 도움이 된다고는 할 수 있다. 그러나 우리는 챗GPT와 현재 '소리'를 매개로 커뮤니케이션을 하지 않는다. 챗GPT와 음성 인식 기능을 활용해 소통할 수 있기는 하지만, 이 경우에도 텍스트를 변환하고 나서야 비로소 소통이 가능할 뿐이다.

챗GPT와의 커뮤니케이션은 바로 텍스트를 기반으로 이뤄진다. 이 점을 바탕으로 우리는 언어의 소리가 아닌 단어들의 조합과 문장생성에 관한 공부가 더 중요하다는 것을 알 수 있다. 따라서 필자는 챗GPT 글쓰기를 위해 문장을 연구하는 통사론을 중심으로 단어를 다루는 형태론을 공부하는 것을 추천한다. 물론 국어국문학 전공자 수준이 아니라 챗GPT의 결괴물 수준을 효과적으로 조절할 수 있을 정도의 수준이면 충분하다.

국어문법 단위를 한 번 풀어쓰면 다음과 같은 순서로 나열할 수 있다.

음운 〉음절 〉형태소 〉단어 〉어절 〉문장 〉문단 〉글

국어문법 단위

앞서 언급했듯, 국어의 소리인 자음, 모음, 악센트 등을 다루는 음운을 건너뛰자. 그리고 '문장'을 기준으로 전후의 문법 단위를 공부하는 것으로 방향을 잡아보자. 챗GPT를 활용한 글쓰기의 질적 향상을 도모할 수 있다. 국어문법 공부의 핵심은 문법 용어의 뜻을 제대로 알고, 해당 용어를 실제 프롬프트에 활용할 수 있어야 한다는 점이다. 그 이유는 전문용어를 활용하는 것 자체가 구체적인 프롬프트를 만들어 낼 수 있다는 것을 의미하기 때문이다. 전문용어가 프롬프트에 삽입되면, 챗GPT가 사전 학습한 데이터셋 중 참고해야 할 내용이 줄어든다. 확인해야 할 데이터셋이 줄어들면 자연스럽게 높은 확률로 챗GPT가 좋은 답변을 할 가능성이 커지는 결과로 이어지게 된다.

국어문법 지식을 어떻게 사용할 수 있을까? 용례를 구체적으로 살펴보자. 문법 용어의 의미를 알고 실제 프롬프트에 활용한다는 것의 의미는 다음과 같다. 예를 들어 국어문법에서 띄어 쓰는 단위는 어절이라 부른다는 사실을 공부했다고 가정하고, 이를 챗GPT 프롬프트에 활용한다면 다음과 같다.

> **Q** 챗GPT와 글쓰기를 주제로 문장을 5개 만들어줘.
> 이 때 문장은 8개 어절 이상으로 구성해야 한다.

국어문법 활용 질문사례 (1)

위와 같이 '어절'이라는 문법 용어를 제대로 알고 프롬프트에 사용할 수 있다면, 사용자가 원하는 형식을 최대한 반영한 결과물을 받아볼 수 있다.

1. 챗GPT는 인공지능 언어 모델로, 사람과 대화하듯 자연스럽게 응답합니다. (12 어절)
2. 글쓰기는 상상력과 창의성을 표현하는 멋진 행위입니다. (9 어절)
3. 챗GPT는 다양한 주제에 대해 생각하고 표현하는 데 도움을 줄 수 있습니다. (12 어절)
4. 글쓰기를 통해 내면의 감정을 표현하고, 아이디어를 구체화할 수 있습니다. (12 어절)
5. 챗GPT와 함께하는 글쓰기는 새로운 세계를 탐험하듯 무한한 가능성을 열어줍니다. (14 어절)

국어문법 활용 챗GPT 답변사례 (1)

위 답변을 살펴보면, 어절을 8개 이상으로 구성해야 한다는 조건을 추가함으로써 문장의 길이와 복잡도를 조절할 수 있음을 알 수 있다. 이를 통해 우리는 국어문법 지식을 활용해 세밀하게 프롬프트 결과물을 조절할 수 있음을 알 수 있다.

또 다른 프롬프트 예시를 통해 국어문법 공부의 필요성을 상기해보자. 통사론에 따르면, 문장의 종류를 주어와 서술어의 갯수에 따라 홑문장 또는 단문과 겹문장 또는 복문으로 나누는 것을 알 수 있다. 글이 잘 읽히기 위해서는 복문보다는 단문 위주의 글이 좋다. 이러한 문법적 특징과 글쓰기 팁을 알고 있다면 우리는 다음과 같은 프롬프트를 작성할 수 있다.

Q 아래 문단을 교정 및 교열을 하려고 해
교정 및 교열을 하기 위해서 아래 문단을 구성하는 문장들을 잘 살펴보고, 복문을 단문으로 고쳐 써줘.

"챗GPT는 혁신적인 인공지능 언어 모델로, 자연어 처리와 대화 기능을 결합하여 사람과의 상호작용을 모방합니다. 이를 통해 사용자는 채팅 형식으로 다양한 주제에 대해 의견을 나눌 수 있으며, 글쓰기에도 도움을 받을 수 있습니다. 글쓰기는 창의성과 상상력을 발휘하는 활동으로, 챗GPT는 사용자에게 다양한 아이디어와 표현 방법을 제공하여 글 작성을 도울 수 있습니다. 또한, 글쓰기를 통해 감정을 표현하고 내면의 세계를 탐구할 수 있습니다. 챗GPT와 함께하는 글쓰기는 새로운 시각을 제시하고 무한한 가능성을 열어주어, 사용자에게 창의적인 글쓰기 경험을 선사합니다."

국어문법 활용 질문사례 (2)

챗GPT가 만든 단락을 위와 같은 프롬프트 명령을 통해 간단명료한 단문 형태의 문장으로 바꿈으로써 글의 가독성을 올릴 수 있다. 아래 챗GPT의 답변을 살펴보면, 훨씬 글이 잘 읽힌다는 것을 알 수 있다.

 챗GPT는 혁신적인 인공지능 언어 모델입니다. 이 모델은 자연어 처리와 대화 기능을 결합하여 사람과의 상호작용을 모방합니다. 챗GPT를 통해 사용자는 다양한 주제에 대한 의견을 채팅 형식으로 나눌 수 있고, 글쓰기에 도움을 받을 수 있습니다. 글쓰기는 창의성과 상상력이 발휘되는 활동이며, 챗GPT는 사용자에게 아이디어와 표현 방법을 제공하여 글 작성을 돕습니다. 더불어, 글쓰기를 통해 감정을 표현하고 내면의 세계를 탐구할 수도 있습니다. 챗GPT와 함께하는 글쓰기는 새로운 시각을 제시하며 무한한 가능성을 열어주어, 사용자에게 창의적인 글쓰기 경험을 선사합니다.

국어문법 활용 챗GPT 답변사례 (2)

어떤가? 우리가 챗GPT와 커뮤니케이션을 효율적으로 하기 위해서는 사용자의 지식수준과 챗GPT 활용능력이 겸비되어야 한다. 먼저 우리가 챗GPT를 통해 얻고자 하는 결과물의 영역에 관한 공부가 필요하다. 위에서 살펴본 것과 같이 글을 쓴다면, 문법을 포함한 글쓰기에 대한 기본적인 이론 및 지식을 배양하는 것이 필요하다. 그래야만 챗GPT와 효과적으로 커뮤니케이션할 수 있다. 이뿐만이 아니다. 챗GPT 활용능력이 겸비되어야 한다. 이는 어떻게 해야 챗GPT로부터 좋은 결과물을 얻어 낼 수 있을지 고민을 통해 키울 수 있다. 이를 위해서는 챗GPT에게 많이 질문하고 실험하여 경험적으로 더 나은 질문법을 스스로 깨닫는 과정이 필요하다.

7

챗GPT가 문자를 이해하는 방식

챗GPT와 대화를 할 수 있다는 것은 인류사에 있어 엄청난 사건이다. 인류사에서 인간은 인간이 아닌 존재들에게 끊임없이 대화를 시도해왔다. 반려견과 대화를 하는 것은 물론 우주 너머 있을지도 모르는 외계인에게도 지금, 이 순간까지도 신호를 보내면서 대화를 시도하고 있다. 이를 통해 인간은 어느 정도 비인간적 존재와 교감할 수 있다는 사실을 깨달았다. 하지만, 여전히 인간 간의 커뮤니케이션과 같은 고차원적인 대화는 불가능했다.

챗GPT는 다르다. 인간이 아닌 다른 존재인 챗GPT는 우리의 언어인 자연어를 이해하고, 나아가 유의미한 답변을 생성하기도 한다. 챗GPT는 그동안 인간 사이에서만 가능했던 유의미한 교류적 커뮤니케이션을 가능케 하고 있다. 인간이 일방적으로 소통을 주도하는 것이 아니라 챗GPT도 대화의 주체로서 화자이면서 청자가 되어 메시지를 주고받을 수 있다는 의미다. 아래 그림과 같이, 실제 챗GPT는 답을 하고, 사용자에게 질문을 던질 수 있다.

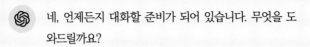

네, 언제든지 대화할 준비가 되어 있습니다. 무엇을 도와드릴까요?

챗GPT와의 대화

이제 우리는 챗GPT을 활용할 때 국어문법 공부가 필요하다는 사실을 알고 있다. 이를 바탕으로 커뮤니케이션 주체인 챗GPT가 어떻게 문자를 인식하고 답변하는지에 대해 상세하게 알아보자. 챗GPT가 텍스트를 이해하는 단위는 '토큰(Token)'이다. 영어로 상징물 또는 징표 등의 뜻을 가진 토큰은 인공지능 분야 중 하나인 자연어 처리에서 텍스트를 구성하는 가장 작은 단위를 의미한다. 챗GPT에게 문법의 최소 단위는 바로 토큰인 것이다. 일반적으로 토큰은 단어를 의미하지만, 처리방식에 따라 단어 일부도 토큰이 될 수 있다. 이를 '서브워드(Subword) 토큰화 방식'이라고도 부른다.

챗GPT는 서브워드 토큰화 방식 중 하나인 'BPE(Byte Pair Encoding)'를 활용한다. BPE 토큰화 기법은 문장을 구성하는 각 단어를 더 작은 단위인 서브워드로 분해한다. 영어의 경우 'OpenAI'라는 단어를 'Open'과 'AI'로 분해하는 식이다. 그렇다면 한국어의 경우는 어떨까? '그렇다면'이라는 단어를 예로 들면, 챗GPT는 BPE 방식을 활용해 '그', '렇', '다', '면'으로 단어를 분해한다. 우리는 여기서 한 가지 문법적 사실을 알 수 있다. 한국어의 경우 챗GPT는 프롬프트 텍스트를 주로 '음절' 단위로 인식한다는 사실이다. 음절은 자음과 모음이 합쳐 한 음을 내는 단위다. 쉽게 표현하면, '글자'라는 단어에서 '글'과 '자' 각각이 음절인 것이다.

챗GPT가 한국어 텍스트를 이해하는 단위가 주로 '음절' 단위라는 점은 우리가 프롬프트를 작성할 때 가이드라인을 제공해준다. 챗GPT가 텍스트 데이터를 처리하는 과정에서 사용하는 토큰이라는 단위는 일반적으로 한국어로는 음절로 해석될 수 있다. 챗GPT는 한국어의 경우 주로 음절을 토큰화하는 것을 시작으로 의미와 맥락을 생성한다는 사실을 알 수 있다. 이 점은 프롬프트를 작성할 때 올바른 맞춤법을 신경 써야 하는지에 대한 이유를 잘 설명한다. 오탈자가 있다면, 챗GPT가 입력된 프롬프트를 인식하는 과정에서 토큰화를 제대로 하지 못할 가능성이 커지기 때문이다. 따라서 앞서 언급한 것과 같이 올바른 철자와 문법을 잘 신경 쓴다면 챗GPT의 답변 퀄리티를 올리는 데 많은 도움이 된다.

챗GPT는 BPE 기법을 활용해 텍스트 이해 및 처리 과정을 진행한다. 한국어의 경우 주로 '음절' 단위의 토큰으로 먼저 나눈다. 다음, 챗GPT는 사전 학습된 텍스트 데이터를 참조하여 가장 통계적으로 자주 등장하는 문자조합을 찾는 과정을 진행한다. 이때, 한국어의 경우 주로 의미가 있는 가장 작은 단위를 뜻하는 형태소 또는 단어 단위로 토큰을 병합하는 과정을 거친다. 정리하면 처음에 음절로 분해되었던 토큰들을 사전학습된 데이터를 바탕으로 분석해 의미 있고 확률적으로 가장 자주 사용하는 단위로 새로운 토큰셋을 세팅하는 것이다. 그리고 이 새로운 토큰셋은 한국어에서 주로 형태소나 단어 단위인 것이다. 여기서 필자가 '주로'라는 표현을 쓴 것은 항상 그렇지는 않음을 내포하고 있음을 밝혀둔다. 토큰과 국어문법은 1대1로 정확하게 매칭되지 않는다. 챗GPT가 토큰셋을 재설정할 때에 꼭 형태소나 단어가 아닐 수 있다.

위에서 언급한 사례인 '그렇다면'을 계속 이야기해보자. '그렇다면'을 프롬프트에 입력하면 챗GPT는 우선적으로 '그', '렇', '다', '면'이라는 4개의 토큰으로 분리한다. 이때 토큰화의 단위를 문법 용어로 설명하면 '음절'이다. 다음 단계에서 챗GPT는 사전학습한 텍스트 데이터를 기반으로 통계적으로 유의미한 단어 패턴을 찾아 토큰을 재배치한다. '그렇다'와 '면' 통계적으로 자주 등장한다면 최종적으로 '그렇다'와 '면'이라는 두 개의 토큰으로 분리될 수 있다. 이때 토큰화 과정은 인공지능 알고리즘의 파라미터 등의 설정값에 따라 달라지는 특징이 있지만, BPE 토큰화의 원리는 동일하다. BPE 방식은 이렇게 단어를 쪼개어 그 의미를 추론하는 특징이 있다. 이러한 토큰화 방식은 사전에 없는 단어나 신조어 등을 효과적으로 추론할 수 있는 장점이 있다.

지금까지 챗GPT가 BPE라는 토큰화 방식을 통해 텍스트 문자를 어떻게 인식하는지와 관련한 매커니즘을 설명했다. 이제 챗GPT가 프롬프트 맥락을 어떻게 이해하고 적절한 응답을 생성하는지를 차근차근 알아보자. 프롬프트가 토큰으로 분해되어 챗GPT 모델 장착된 '트랜스포머(Transformer)'라는 특정 유형의 인공 신경망을 활용해 각 토큰과 그들 간의 맥락적 관계를 이해하게 된다.

예시로 챗GPT 매커니즘을 이해해 보자. 사용자가 '날씨가 어때?'라는 프롬프트를 입력하면, 챗GPT는 이 문장을 BPE 토큰화 방식을 통해 분해한다. 위 문장은 맨 처음으로는 주로 음절 단위인 토큰으로 나뉜다. '날', '씨', '가', '어', '때'와 같은 식이다. 다음 트랜스포머 인공 신경망을 통해 이 토큰들을 조합해 이들 간의 맥락적 관계를 파악한다. 이 과정에서 챗GPT는 각 토큰이 어떤 의미를 가지고, 어떻게 연결되어 있는지를 계산한다. 먼저 챗GPT는 '날씨'라는 토큰은 '어때'라는 토큰과 밀접한 관계를 맺는다는 사실을 파악하게 된다. 이 두 단어는 함께 쓰이면서 '현재의 기상 상태에 대한 정보를 요청'이라는 고차원의 의미를 형성한다.

프롬프트의 내용 및 맥락을 이해했다면, 챗GPT는 입력값에 적절한 응답을 생성하게 된다. 응답은 문장의 연속적인 토큰들로 구성되며, 각 토큰은 이전에 생성된 토큰들에 기반하여 선택된다. 우리가 이해하기 쉬운 형태로 답변을 해야 하므로, 챗GPT는 자신의 응답을 최종적으로 검토하고 조정하는 단계를 거친다. 문장 부호를 재배치하거나, 영어의 경우 대소문자 사용들을 조정하고, 문장 부호 위치의 적절성을 판단하는 것이다. 이처럼 프롬프트를 챗GPT에 입력을 하면 우리는 단 몇 초 만에 답변을 받아볼 수 있지만, 사실 챗GPT는 그 단 몇 초 동안 많은 과정을 거쳐 답변하는 셈이다.

챗GPT가 어떻게 텍스트를 인식하고 응답하는지 살펴봤다. 챗GPT에게 토큰은 텍스트를 이해하기 위한 최소 문법 단위다. 더불어 BPE라는 토큰화가 진행될 때 처음에는 한국어의 경우 주로 '음절' 단위로 분해되고, 음절 단위로 분해된 토큰은 확률적으로 자주 나타나는 한국어의 의미적 패턴과 구조에 따라 새로운 토큰으로 합쳐진다. 이때, 한국어의 경우 의미가 있는 최소 단위인 형태소 또는 단어로 토큰화가 되는 경우가 많다. 이렇게 토큰이 병합되는 과정이 반복되고 최종적으로 가장 확률적으로 의미 있는 토큰을 바탕으로 챗GPT는 단어 간의 관계를 파악해 프롬프트 내용을 처리하고, 또다시 이러한 토큰을 활용해 답변을 생성하는 것이다.

8

프롬프트 입력 단위와 기능

우리와 챗GPT의 소통을 매개하는 프롬프트에 대해 살펴보자. 카카오톡처럼 텍스트를 프롬프트에 입력하면 입력값이 화면 상단에 배치되고, 챗GPT는 해당 질문에 대한 적절한 답을 생성한다. 어쩌면 앞으로 몇 년 안에 많은 사람이 담당하고 있는 거의 모든 업무가 이 프롬프트 입력으로 시작할지도 모르겠다. 프롬프트 입력창은 구글 검색창과 비슷하게 생겼지만, 역할과 그 의미 차원에서 많은 차이를 보인다. 이번 장에서는 프롬프트의 의미와 기능에 대해 상세하게 알아보고자 한다.

구글 검색은 키워드 중심으로 텍스트를 입력한다. 여기서 중요한 점이 있다. 바로 문장이 아닌 일반적으로 단어 또는 명사구나 명사절을 입력해야 한다는 것이다. '챗GPT를 잘 사용하는 방법' 같은 키워드를 입력하는 식이다. 구글은 해당 단어 또는 키워드를 바탕으로 사용자가 찾고자 하는 가장 유용한 결괏값 찾아주는 역할을 하는 검색엔진이기 때문이다. 반면 챗GPT 프롬프트는 문장으로 입력해야 좋은 답을 받기 수월하다. 실제 사람들에게 맥락을 전달할 때 사용하는 문장이 바로 프롬프트의 입력 단위인 것이다.

챗GPT의 또 다른 점은 답변을 찾아주는 것이 아니라 답변을 생성한다는 점이다. 챗GPT는 실시간 정보를 찾아 답변하는 웹브라우징 기능이 없다. 따라서 2021년 9월까지의 정보를 기반으로 사전 학습한 텍스트 데이터값을 활용하고 조합해 프롬프트에 입력된 질문에 대한 응답하는 식이다. 참고로 앞서 이야기한 유료 버전인 챗GPT의 플러그인 중 'Webpilot'과 같은 웹검색 플러그인을 사용하면 최신 정보를 반영한 답변이 가능하다. 또한, 2023년 9월 27일자 업데이트로 인해 앞으로는 플러그인 활용 방법 이외 다른 방법도 생겼다. 바로 챗GPT '빙 브라우저' 베타 서비스 기능이다. 이 기능을 활용해 우리는 앞으로 챗GPT로부터 최신 정보를 반영한 답변을 받아볼 있다.

프롬프트는 '문장' 단위로 입력해야 한다. 챗GPT와 사용자의 대화를 매개하는 프롬프트의 가장 효율적인 입력 단위는 주어와 서술어가 모두 포함된 완결된 문장 형태다. 이 점이 챗GPT와 구글 검색엔진의 차이라 할 수 있다. 문장은 사용자의 생각과 아이디어를 전달하는 데 필요한 문법적인 구조와 맥락을 모두 포함하고 있다. 예를 들어, '~를 작성'이라는 단어로 프롬프트를 입력하면, 챗GPT는 프롬프트에 작성된 '작성'이 동사인지 명사인지 제대로 이해하기 어려워할 수 있다. 반면, '작성해줘 혹은 작성해주세요'라는 어미를 추가해 프롬프트를 작성한다면 문법적 완결성을 바탕으로 챗GPT가 사용자 질문 의도를 더욱 잘 이해할 수 있다.

이제 프롬프트에 입력할 수 있는 질문의 유형에 대해 살펴보자. 챗GPT에게 물어볼 수 있는 질문의 유형은 굉장히 다양하지만 몇 가지 주요 범주로 분류할 수 있다. 챗GPT에게 물어볼 수 있는 질문 유형은 바꿔 말하면 챗GPT가 해결하거나 도움을 줄 수 있는 분야를 의미한다. 본 책은 챗GPT를 활용한 글쓰기 능력 향상을 목표로 하고 있다. 글쓰기는 모든 분야의 기초다. 따라서 챗GPT 글쓰기를 꾸준하게 연습한다면 각자의 상황이나 업무에 맞게 챗GPT를 효과적으로 활용할 수 있다.

챗GPT 프롬프트에 질문할 수 있는 질문 유형은 크게 4가지로 구분될 수 있다. 첫째, 일반적인 지식에 대해 질문하는 것이다. '세계에서 가장 높은 산은 무엇인가?'와 같은 일반적인 정보를 묻는 유형이다. 챗GPT가 2022년 11월 막 출시되었을 때에는 이런 일반적인 질문에도 꽤 자주 잘못된 정보를 제공할 때가 있었다. 그러나 현재는 많은 업데이트를 통해 답변이 꽤 정확해졌다. 하지만 여전히 팩트체크는 필수다.

특히 수학과 관련한 질문에 대한 정확성은 높지 않은 편이다. 개인적으로 마케팅 통계수치를 활용해 챗GPT에게 계산을 요청하다가 우연히 발견한 사실이다. 계산 및 수학에 대한 답변 역시 여러 번의 업데이트를 통해 비교적 정확해졌지만, 여전히 오류가 섞인 답변이 나올 때가 있다. 왜 그럴까? 이러한 부분에 대해 챗GPT에게 물어보니 다음과 같은 답변이 돌아왔다. 챗GPT는 기본적으로 자연어인 텍스트 기반의 정보를 이해하고 생성하는 데 최적화되어 있다. 반면, 수학적 계산이나 공식을 해석하거나 생성하는 것은 챗GPT의 역할에서 약간 벗어나 있다. 숫자는 텍스트가 아니기 때문이다. 또한, 챗GPT는 확률적 인공지능모델이기 때문에 수학과

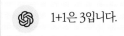

1+1은 3입니다.

같은 정확한 답변을 생성하지 못할 수 있다. 앞서 언급한 것처럼 챗GPT는 토큰을 기반으로 한 통계적 패턴을 기반으로 답변을 생성한다. 이는 정확성을 요구하는 수학 계산에 적합하지 않다.

　둘째, 챗GPT에게 자문 혹은 의견을 물어볼 수 있다. 챗GPT를 2021년 9월 이전에 있는 수많은 정보와 데이터를 사전 학습한 전문가로 간주할 수 있는 것이다. 구글 검색을 통해 원하는 정보를 얻을 수 있지만, 내 상황과 목적과 꼭 맞는 자료를 찾기 어려울 수 있다. 그러나 챗GPT에게 질문의 의도와 현재 상황을 프롬프트에 입력한다면, 맞춤형 답변을 해줄 수 있다. 즉 챗GPT가 1대1 컨설턴트 역할을 해줄 수 있는 것이다. 개인적으로 출판사를 운영하고 있는데, 항상 마케팅이 걱정이었다. 그래서 나는 아래와 같이 챗GPT에게 출판 마케팅과 관련한 질문을 챗GPT에게 했다.

챗GPT로부터 컨설팅 받기

그 결과 챗GPT는 정말 다양한 방법을 제안했다. 물론 마케팅 전문가가
보기에는 당연한 이야기겠지만 말이다. 챗GPT가 많은 전략을 언급해 나
는 여러 전략을 한눈에 비교·분석해 지금 내 상황과 더욱 잘 맞는 전략을
도입할 수 있었다. 궁금한 점이 있다면 나열된 정보에 대해 꼬리물기 질문
을 계속해나가면 또 다른 인사이트를 얻을 수 있었다.

물론이죠. 아래는 제한된 예산과 리소스로도 효과적으로 출판 마케팅을 할 수 있는 몇 가지 방법입니다.

1. 소셜 미디어 활용하기: 책에 대한 관심을 높이는 데 가장 효과적인 방법 중 하나는 소셜 미디어를 통한 마케팅입니다. Facebook, Instagram, Twitter 등의 플랫폼은 다양한 사람들에게 도달할 수 있으며, 이미지, 짧은 글, 책의 명언 등을 포스팅해 책에 대한 인식을 높일 수 있습니다. 예산이 제한적이라면, 타겟 마케팅을 위해 페이스북 광고 같은 저렴한 광고를 사용할 수도 있습니다.

2. 이메일 마케팅: 이메일 뉴스레터를 통해 구독자들에게 새로운 출간 정보, 작가 인터뷰, 특별한 할인 등의 정보를 전달하는 것은 효과적인 마케팅 방법입니다. 이메일 마케팅 플랫폼 중 일부는 무료로 제공되므로, 이것은 비용을 적게 들이면서 효과적인 방법이 될 수 있습니다.

3. 블로그 및 콘텐츠 마케팅: 작가 인터뷰, 책 리뷰, 뒷이야기 등을 소개하는 블로그를 운영하거나, 다른 블로그나 웹사이트에 기사를 게재하면 좋습니다. 이런 콘텐츠는 독자에게 가치를 제공하며, 동시에 책과 출판사에 대한 인지도를 높입니다.

4. 협력 마케팅: 다른 비슷한 크기의 출판사나 책 판매 사이트, 블로거, 북클럽 등과 협력해 교차 프로모션을

할 수 있습니다. 이는 둘 다 상호 이익을 얻을 수 있는 방법이며, 자원을 효과적으로 활용할 수 있습니다.

5. 행사 및 출시 행사: 온라인에서는 웹 세미나, 판매자를 위한 특별 행사, 라이브 Q&A 등을 개최할 수 있습니다. 이러한 행사는 책에 대한 관심을 끌고 독자와 직접 소통할 수 있는 기회를 제공합니다.

6. 리뷰 및 출간 전 리뷰: 독자들의 리뷰는 책의 성공에 중요한 역할을 합니다. 출간 전에는 독자들이나 리뷰어들에게 사전 리뷰 복사본을 제공하고, 출간 후에는 독자들에게 리뷰를 달도록 유도하는 것이 좋습니다.

7. 저자의 개인 브랜드 활용: 작가가 이미 개인 브랜드를 가지고 있다면, 그것을 활용하는 것도 좋습니다. 작가의 소셜 미디어 계정, 블로그, 웹사이트 등을 통해 책을 홍보할 수 있습니다.

위의 방법들은 특정 능력이나 고가의 장비 없이도 실행할 수 있습니다. 이 중 어떤 것이 가장 적합한지는 출판사의 상황과 목표에 따라 다르겠지만, 이런 접근법들을 통해 효과적인 마케팅 전략을 구축할 수 있을 것입니다.

챗GPT 컨설팅 답변

셋째, 학습 관련 질문이다. 최신 정보나 지식을 제외하고 거의 모든 지식과 노하우를 챗GPT에게 물어볼 수 있다. 챗GPT는 방대한 지식과 정보를 사전 학습한 '거대 언어 모델(LLM)'이기 때문이다. 챗GPT에게 '부동산의 개념에 관해 설명해줘'라고 물어보면 해당 정보에 관한 내용을 상세하게 설명하는 답변을 생성한다. 혹시 공인중개사 시험을 준비한다면, 공인중개사 시험준비와 관련한 노하우 및 팁 역시 물어볼 수 있다. 물론 여기에 자신의 특정한 상황까지 고려하여 맞춤형 답변을 끌어낼 수도 있다.

챗GPT는 특히 언어학습에 있어 큰 위력을 발휘한다. 번역해달라는 요청은 기본이고, 공부하고자 하는 언어의 용례 또한 그때그때 챗GPT에게 물어볼 수 있다. 개인적으로 가장 큰 도움을 받았던 부분은 바로 코딩공부였다. 나의 경우 전형적인 '문돌이'로서 단 한 번도 제대로 된 코딩공부를 해본 적이 없다. 그러나 챗GPT를 통해 파이썬 공부를 시작하는 단계별 학습법을 추천받은 후 차근차근 단계를 밟아 나가면서 코딩공부를 하면서 어느 정도 코딩을 할 수 있게 되었다. 이후 맞춤법 자동화 프로그램 등을 개발하여 내 업무의 일부를 자동화하는 경험을 할 수 있었다. 문과생 출신으로서 굉장히 놀라운 경험이었다.

넷째, 개인적인 생각으로 챗GPT의 가장 우수한 능력을 발휘할 수 있는 질문 유형이다. 바로 창작 관련 질문이다. 앞서 챗GPT가 거짓말을 있는 사실처럼 그럴싸하게 답을 하는 현상인 할루시네이션(Hallucination)을 언급했다. 바로 이러한 할루시네이션 현상이 긍정적인 방향으로 승화되면 창작 행위가 가능해진다. 챗GPT에게 간단하게 '사랑을 주제로 한 소설을 만들어줘' 하면 단숨에 주인공이 세팅되고, 사랑과 관련된 이야기가 서술된다. 노래 가사 역시 마찬가지다. 특정 테마의 주제에 대한 노래 가사를 만들어 달라고 요청하는 것만으로도 단 몇 초 만에 꽤 괜찮은 결과물을 만들어 낼 수 있다. 창의적인 아이디어나 이야기를 떠올리기 위해 그동안 머리를 쥐어 짜내던 크리에이터들에게 챗GPT의 창작능력은 '쇼킹'하게 다가올 것이다.

9

ChatGPT 답변 최소 단위

챗GPT가 생성하는 응답은 프롬프트 입력을 통해 제어할 수 있다. 특히 챗GPT를 활용해 글을 쓸 때, 챗GPT 답변의 길이를 의도적으로 조절하는 것만으로도 답변 퀄리티를 높일 수 있다. 챗GPT 글쓰기를 할 때 필자는 '문단'을 단위로 답변을 생성하도록 프롬프트를 설계한다. 예를 들어 '한국의 일자리 시장에 대해 한 문단으로 작성해줘'와 같은 질문을 던져 답변 문단 단위로 제한하여 세밀하게 결과물의 질을 관리하는 것이다. 지금 쓰고 있는 이 원고 역시 챗GPT로부터 문단 단위로 받은 답변을 참고해서 쓰고 있다.

챗GPT로 양질의 글을 뽑아내기 위해서는 '문단' 단위로 답변을 요청하는 연습하는 것을 추천한다. 문장과 문장들이 유기적으로 배치되어 맥락적 의미를 만들어 내는 수준이 바로 문단이기 때문이다. 일반적으로 하나의 문단에는 글쓴이가 말하고자 하는 바인 중심문장이 존재한다. 그리고 해당 중심문장 또는 아이디어를 구체화하고 상술하는 문장, 예시 및 사례 문장, 그리고 강조하는 문장들이 적절하게 배치되어 중심문장 내용을 독자에게 이해시키는 역할을 한다. 문단은 이러한 기능 및 역할을 하는 문장들이 합쳐져 글의 토대 및 구조가 되는 핵심 단위라 할 수 있다.

여기서 질문이 생길 수 있다. '글 전체를 요청하면 답변의 품질이 낮아질까?' 챗GPT로부터 문단이 아닌 글 전체를 요청하는 방법도 나름대로 의미가 있다. 바로 챗GPT를 통해 글의 초안을 잡고 아이디어를 참고할 때에는 먼저 문단이 아닌 글 전체를 요청하는 것을 추천한다. 더 많은 정보와 아이디어를 얻는 방법이기 때문이다. 하지만 내가 이 책에서 언급하는 양질의 글쓰기는 내 의도가 최대한 정확하게 반영된 글을 의미한다. 작가가 주도해서 원하는 방향으로 챗GPT가 글을 뽑아낼 수 있어야 한다. 결국, 글쓰기라는 항해를 함에 있어 결국 선장은 사용자인 우리가 되어야 한다는 의미다. 중심문장 또는 중심 아이디어를 프롬프트에 입력하고 이에 따른 답변을 문단 또는 단락 수준으로 받는다면, 우리는 챗GPT가 생성한 글의 흐름과 구조를 통제할 수 있다.

이제 문단 또는 단락을 챗GPT에게 요청할 때, 답변 퀄리티를 올리는 가장 효과적인 방법 두 가지를 설명하려 한다. 첫 번째 방법은 각 문장의 역할 및 기능을 세밀하게 설정하는 방법이다. 이 방법을 만들기 위해 필자는 시중에 나와 있는 많은 글쓰기 서적을 참고했다. 이때 가장 중요했던 부분이 '문과스럽지 않은' 글쓰기 책을 찾는 것이었다. '읽는 사람이 편하게 읽을 수 있는 글이 좋다'와 같은 모호하고 추상적인 설명이 깃든 글쓰기 비법이 아닌 딱딱 떨어지는 공식이 포함된 '이과스러운' 글쓰기 비법서가 필요했다. 챗GPT는 텍스트의 패턴 및 구조로 답변을 생성하는 인공지능모델이니까 말이다. 그렇게 찾은 책이 바로 『쓰기의 공식, 프렙(PREP)!』(임재춘, 2019)이다.

『쓰기의 공식, 프렙(PREP)!』은 문단 수준의 글쓰기를 강조한다. 나아가 문단이 체계적일 수 있도록 공식을 제공한다. 바로 책 제목이기도 한 'PREP'이 바로 그것이다. PREP을 한 철자씩 풀어 설명하면 다음과 같다. P는 Point로 핵심 주장 또는 주제문장을 의미한다. 문단을 구성할 때는 일반적으로 두괄식 구성이 선호되며, 글이 논설문이라면 주장하는 문장이, 설명이 목적인 글의 경우 화제 또는 주제가 첫 문장에 배치되는 것이다. 두 번째 문장에는 R인 Reason이 배치된다. 첫 문장인 주장 또는 주제문을 뒷받침하는 이유나 구체화 문장이 오는 것이다. 참고로 주장이 첫 문장에 등장했다면 근거 또는 이유가, 설명을 위한 화제 또는 주제가 언급되었다면 이에 대한 상술 문장이 오는 것이 일반적이다. 세 번째, E는 Example의 준말이다. 위에서 언급한 근거나 구체화 및 상술화 문장에 대해 증명을 하거나 추가적인 설명을 하기 위해 사례나 사실 등이 오는 자리인 것이다. '예를 들면'이라는 단어로 시작하는 경우가 많다. 풍부한 사례는 독자들의 이해를 돕는 데 효과적이므로 적절한 사례를 동반하면 좋은 글이 될 수 있다. 마지막 P는 다시 Point를 의미하며 첫 문장에서 언급한 주장이나 주제를 강조하는 역할을 하거나 다음에 올 문단을 자연스럽게 연결해주는 연결고리 역할을 할 때도 있다.

이 책의 내용을 반영하여 프롬프트를 작성하면 다음과 같다. 아래 전개 방식을 살펴보면 책에서 말하는 '프렙(PREP)'의 원리를 풀어서 썼다는 것을 알 수 있을 것이다. 나는 아래와 같은 프롬프트를 별도로 저장해 그때 그때 필요할 때마다 활용하고 있다.

Q 아래 내용을 반영해 한 문단 혹은 단락을 작성하려고 해.

[주장 혹은 중심주제]

[전개방식]
문단 구성방식은 다음과 같아
1) 주어진 주장 혹은 중심주제를 첫 번째 문장으로 하고,
2) 두 번째 문장에서는 핵심 주장에 대해 근거를 작성하거나 중심주제에 대해 구체화하거나 풀어서 설명해줘
3) 세 번째 문장에서는 사례 또는 예시가 들어간 문장을 만들어줘야 해
4) 마지막으로는 다시 한번 핵심문장을 강조해주는 방식으로 네 번째 문장을 만들어줘

PREP 적용 프롬프트

두 번째 방식은 밴치마킹을 하는 방법이다. 내가 원하는 문체 및 스타일, 어조 그리고 논리적 구조가 잘 반영된 문단을 발췌하여 해당 문체 및 스타일을 참고해서 글을 써달라고 챗GPT에 요청하는 것이다. 여기서 중요한 점은 문체 및 스타일만 참고한다는 점이다. 어떤 글의 문단 등 일부가 내가 쓰고자 하는 문체 및 스타일 등을 잘 반영하고 있다면, 해당 글의 내용을 무시하고 문체 및 스타일만을 가져올 수 있다.

문체 및 스타일을 밴치마킹하는 방법은 크게 두 가지다. 직접 해당 내용을 발췌해서 챗GPT에게 해당 내용의 문체 및 스타일을 참고해서 글을 작성해달라는 방법과 발췌한 내용의 문체 및 스타일을 먼저 분석한 뒤, 그 분석을 통해 나온 문체 및 스타일적 특징을 그대로 조건으로 걸고 프롬프트를 작성하는 방법이 있다. 개인적으로 필자는 두 가지 방법 모두를 혼용해 더 나은 답변을 선택한다.

예를 들어 설명해 보겠다. '자전거 타는 법'에 대한 글을 쓴다고 가정해 보자. 그런데 방법을 설명할 때, 어떤 글을 보니 설명방식 또는 스타일이 마음에 들고, 그 글의 스타일처럼 글을 작성하면 꽤 괜찮은 글이 나오겠다고 생각할 수 있다. 보통은 뉴스 기사문이나 책에서 그러한 글들을 발견할 수 있다. 저작권 문제가 있을 수 있어 내가 서론에 쓴 문단 중 일부를 가져와 설명해 보겠다.

챗GPT는 책쓰기라는 행위의 정의 자체를 변화시킬 것이다. 챗GPT로 인해 책을 쓰는 행위 자체에 대한 진입장벽이 낮아질 것임은 분명하다. 누구나 손쉽게 자신의 아이디어를 표현할 수 있는 도구를 갖게 되었고, 이로 인해 창의적인 작품이 더욱 많이 탄생할 것이라 기대된다. 챗GPT라는 훌륭한 글쓰기 도구를 제대로 활용할 수만 있다면, 우리는 생각하는 데 더 많은 시간을 할애할 수 있다. 우리는 글쓰기라는 압박감에서 해방되어 생각을 정리하는 등의 창의적인 업무에 집중할 수 있다.

샘플 문단

자, 이제 우리는 '자전거 타는 법'에 대한 내용의 글을 위 문단의 문체 및 스타일을 반영해 작성하려고 한다. 이를 위해서 아래와 같은 프롬프트를 작성해 보았다. 참고로 원하는 답변을 받기 위해 여러 번 프롬프트를 수정했다는 점을 미리 밝혀둔다. 거듭된 수정은 더 나은 답변을 받기 위해 필수적인 과정 중 일부다.

Q 글은 자전거 타는 법에 대한 내용을 설명해주고,

답변을 생성할 때 문체 및 스타일은 아래 참고문단을 참고해서 작성 부탁해
아래 문단에 있는 문장의 스타일과 문체를 그대로 글에 반영해줘
아래 참고문단의 내용은 절대 반영하면 안돼.
이때 글은 한 문단만 작성해주면 돼.

[참고 문단]
"챗GPT는 책쓰기라는 행위의 정의 자체를 변화시킬 것이다. 챗GPT로 인해 책을 쓰는 행위 자체에 대한 진입장벽이 낮아질 것임은 분명하다. 누구나 손쉽게 자신의 아이디어를 표현할 수 있는 도구를 갖게 되었고, 이로 인해 창의적인 작품이 더욱 많이 탄생할 것이라 기대된다. 챗GPT라는 훌륭한 글쓰기 도구를 제대로 활용할 수만 있다면, 우리는 생각하는 데 더 많은 시간을 할애할 수 있다. 우리는 글쓰기라는 압박감에서 해방되어 생각을 정리하는 등의 창의적인 업무에 집중할 수 있다."

밴치마킹 프롬프트

위와 같은 프롬프트를 입력했더니 아래와 같은 답변을 받을 수 있었다. 위 프롬프트에서 제시한 참고문단의 문체 및 스타일을 참고하여 '자전거 타는 방법'에 대한 한 문단이 생성되었다.

자전거를 타는 법은 매우 간단하다. 먼저, 안전을 위해 헬멧을 착용하는 것이 중요하다. 그리고 자전거의 안전을 위해 브레이크가 제대로 작동하는지 확인해야 한다. 몸을 바른 자세로 유지하고, 어깨는 편안하게 내려놓고, 팔과 다리는 편안한 자세로 위치시킨다. 한 손은 핸들을 잡고, 다른 한 손은 브레이크를 잡도록 한다. 출발할 때에는 한쪽 발을 땅에 근접시키고, 다른 한쪽 발을 페달에 올려놓는다. 이후 천천히 앞으로 나아가며 균형을 잡아가며 자전거를 타는 것이 중요하다. 전방과 주위 상황을 주시하면서 주행하고, 다른 차량이나 보행자와의 거리를 유지하며 신호를 잘 따라야 한다. 멈출 때에는 브레이크를 조금씩 누르면서 속도를 줄여야 하고, 정지할 때에는 한쪽 발을 땅에 근접시키고, 다른 발은 페달을 유지한 상태로 바른 자세를 유지한다. 이렇게 간단한 절차를 따르면 우리는 자전거를 즐길 수 있고, 환경 친화적인 교통 수단을 활용하여 건강과 환경을 동시에 보호할 수 있다.

챗GPT 밴치마킹 결과물

참고 문단의 문체 및 스타일을 먼저 챗GPT에게 물어보고 그 특징을 뽑아내는 방법도 가능하다. 이는 차근차근 챗GPT와 커뮤니케이션하는 방식인 'Chain Of Thought(생각의 연결고리)' 방식을 응용한 것이다. 프롬프트에 요청사항을 한 번에 하나씩 입력해 답변의 질을 높일 수 있다. 이번에는 발췌한 문단을 프롬프트에 입력한 뒤 먼저 문체 및 스타일의 특징을 분석해달라는 요청을 해보겠다. 해당 프롬프트는 아래와 같다.

Q "챗GPT는 책쓰기라는 행위의 정의 자체를 변화시킬 것이다. 챗GPT로 인해 책을 쓰는 행위 자체에 대한 진입장벽이 낮아질 것임은 분명하다. 누구나 손쉽게 자신의 아이디어를 표현할 수 있는 도구를 갖게 되었고, 이로 인해 창의적인 작품이 더욱 많이 탄생할 것이라 기대된다. 챗GPT라는 훌륭한 글쓰기 도구를 제대로 활용할 수만 있다면, 우리는 생각하는 데 더 많은 시간을 할애할 수 있다. 우리는 글쓰기라는 압박감에서 해방되어 생각을 정리하는 등의 창의적인 업무에 집중할 수 있다."

위 문단의 문체 및 스타일을 분석하고 특징을 나열해서 설명해줘.
이때 내용은 제외하고 오로지 문장의 형식 및 문체적 특징만을 다뤄줘

내용이 아닌 글의 형식만 고려하도록 프롬프트를 설계해야 한다.

그러면 아래와 같은 답변을 받을 수 있다. 이때 중요한 점은 우리가 원하는 것은 글의 전개 방식과 문체 및 스타일만 밴치마킹을 해야 하므로 내용적인 설명을 제외해 달라는 명령을 추가적으로 입력해야 한다는 것이다. 그렇지 않으면 내용적인 특징까지도 답을 하는 경우가 많다. 글의 내용을 반영하지 말아 달라는 문구를 꼭 넣어야 한다는 점을 강조하고 싶다.

 위 문단은 다음과 같은 문체 및 스타일적 특징을 가지고 있습니다:

1. 긍정적인 톤: 문단 전체적으로 긍정적인 어조와 낙관적인 내용이 반영되어 있습니다. 작가는 챗GPT가 책쓰기에 대한 진입장벽을 낮추고, 창의적인 작품의 탄생을 예상한다는 긍정적인 관점을 강조하고 있습니다.

2. 예측과 추측: 작가는 챗GPT의 도입으로 인해 미래에 어떤 일이 발생할 것이라고 예측하고 있습니다. "책을 쓰는 행위에 대한 진입장벽이 낮아질 것임은 분명하다"라는 문장은 미래에 일어날 사건에 대한 자신감과 예측을 나타냅니다.

3. 강조와 반복: 작가는 여러 문장에서 동일한 아이디어를 강조하기 위해 반복을 사용하고 있습니다. "누구나 손

쉽게 자신의 아이디어를 표현할 수 있는 도구를 갖게 되었고"와 "우리는 생각하는 데 더 많은 시간을 할애할 수 있다"는 동일한 주제를 강조하기 위해 반복되는 구문입니다.

4. 비교와 상징적 표현: "챗GPT라는 훌륭한 글쓰기 도구를 제대로 활용할 수만 있다면"이라는 문장은 챗GPT의 활용에 따른 결과를 비유적으로 예상하고 있습니다. 글쓰기 도구를 제대로 활용한다면 "우리는 글쓰기라는 압박감에서 해방되어 생각을 정리하는 등의 창의적인 업무에 집중할 수 있다"는 비유적인 표현을 사용하고 있습니다.

5. 대중을 위한 글쓰기: 문단은 대중을 대상으로 작성되었습니다. 일반 독자들이 쉽게 이해하고 공감할 수 있는 언어와 구문을 사용하여 작가는 자신의 주장을 전달하고자 합니다. 글쓰기의 압박에서 해방되어 생각에 집중할 수 있는 이점을 강조하며, 모두가 창의적인 작품을 만들 수 있는 기회를 가지게 되었다는 메시지를 전달합니다.

이러한 문체 및 스타일적 특징들은 글의 읽기 흐름을 부드럽게 만들어주고, 독자들에게 긍정적인 인상을 심어줍니다.

챗GPT가 파악한 문체적 특징

챗GPT가 분석한 문체적 특징이 위와 같이 나열되었다. 단순히 특징을 나열하는 것이 아니라 왜 챗GPT가 그렇게 특징을 분석했는지까지 이유가 나오니 이러한 설명을 참고해, 내가 쓰고자 하는 글의 스타일 및 문체를 세세하게 조율할 수 있다. 아래는 위에서 분석한 내용을 반영하여 출력된 '자전거 타는 법'에 관한 한 문단이다.

 자전거 타기의 기술은 누구나 손쉽게 습득할 수 있는 아름다운 예술입니다. 첫 번째 단계로, 자전거에 올라탈 때는 두 발로 바닥을 굳건히 밟으며 균형을 잡아야 합니다. 이렇게 균형을 잡는 것은 자전거의 핵심입니다. 다음으로, 페달을 천천히 밟으면서 전진의 힘을 느껴보세요. 이 과정에서 핸들을 편안하게 잡고 몸의 중심을 자전거 중앙에 두는 것이 중요합니다. 이렇게 몇 번의 연습을 통해, 자전거와 하나가 되어 바람을 가르며 나아가는 기쁨을 느낄 수 있습니다.

문체 특징 분석을 바탕으로 한 결과물

10

글의 구조와 문체 및 어조

단순히 사용자가 알고 싶거나 찾는 정보만을 출력할 뿐이라면 챗GPT는 구글 검색 결과를 문장으로 풀어 써서 답변하는 또 다른 검색엔진에 불과했을 것이다. 챗GPT는 참고할 수 있는 사실이나 의견을 제공하는 데 그치지 않는다. 사용자가 처해 있는 상황에 알맞게 맞춤식 답변한다. 사용자가 프롬프트에 '어른에게 쓰는 편지를 써달라'는 요청을 했다면, 챗GPT는 편지 구조를 따르면서 높임말로 구성된 한 편의 글을 출력할 수 있다. 여기서 구조와 문체 및 어조까지 챗GPT가 반영해 결과물을 출력한다는 점을 주목할 필요가 있다. 챗GPT는 요청받은 콘텐츠를 단순하게 생성하지 않고, 사용자의 상황 및 목적에 따라 결과물에 구조와 문체 및 어조를 반영해낸다.

글의 구조는 글의 목적, 대상, 그리고 맥락에 따라 결정된다. 구조란 글의 틀을 의미하며, 이는 편지, 논문, 리포트, 칼럼, 에세이 등 다양한 쓰기 유형에서 볼 수 있다. 예를 들어 학술 논문의 경우, 일반적으로 서론, 본론, 결론으로 구성된 구조로 작성되는 것이 일반적 관례다. 반면 칼럼이나 에세이는 구조가 자유롭고, 작성자의 개성이나 의견이 더욱 강하게 반영될 수 있다. 이처럼 구조는 글의 흐름과 형식을 조직화하는 도구다. 글의 성격과 목적에 알맞은 구조는 독자가 글을 이해하고 해석하는 데 도움을 준다.

　문체는 글쓴이의 개성이 가미된 글의 표현 방식 또는 문장의 형태를 뜻한다. 이 경우 프롬프트 작성을 통한 요청은 사용자인 인간이 하지만, 실제 결과물은 챗GPT가 작성하므로 챗GPT가 글쓴이가 되겠다. 문체는 영어로 'Writing Style'로 번역되기도 하는데, 문체의 종류로는 간결체, 구어체, 문어체, 건조체 등이 있다. 잘 기억을 더듬어 보면, 우리는 수능 국어, 특히 문학 파트 문제에서 문학작품의 문체적 특징을 찾는 연습을 해봤다. 문체는 문장의 길이, 어휘 선택 등의 여러 기준에 따라 분류된다. 문체의 종류를 지칭하는 단어들 역시 공부하여 프롬프트에 적절하게 사용할 수 있다면 챗GPT 응답의 질적 향상을 도모할 수 있다.

　글의 어조 또는 톤(Tone)은 글의 표현 방식을 의미하는 문체와 달리, 글을 쓸 때의 감정이나 태도를 의미한다. 즉, 글의 어조 또는 톤은 메시지가 전달되는 느낌이 강조되는 개념이다. 글의 목적과 상황에 따라 글의 어조 및 톤은 진지하게 느껴질 수도, 유쾌하게 느껴질 수도 있다. 예를 들어, 공식적인 보고서나 학술 논문에서는 주로 중립적이고 진지한 어조가 사용된다. 반면, 광고나 소셜 미디어 포스트에서는 더 친근하고 유쾌한 어조가 더욱 효과적일 수 있다. 이러한 글의 구조와 문체 및 어조는 챗GPT가 생성하는 결과물에 큰 영향을 미치는 요소이다. 그렇다면 이렇나 글쓰기 요소를 잘 통제하는 것만으로도 챗GPT 글쓰기의 퀄리티가 크게 향상되지 않을까?

필자가 이 책에서 말하고자 하는 챗GPT 글쓰기의 최종 목표는 다음과 같다. '우리는 아이디어나 글의 전개 및 방향을 담당하고, 글쓰기 영역을 챗GPT에게 맡긴다.' 인류사에 있어 글쓰기는 굉장히 창의적인 일이면서 가장 반복적이고 고통스러운 작업이었다. 우리의 생각과 지식을 글쓰기를 통해 표현하기 위해서는 많은 시간을 컴퓨터 모니터 앞에 앉아 타이핑해야 했다. 오랜 시간 동안 생각하고 타이핑해야만 하는 고통을 감내해야만 책을 쓸 수 있다. 어쩌면 글을 쓴다는 것 자체가 이처럼 고통스러운 작업이기에 책 한 권 써보지 못하고 많은 사람이 생을 마감하지 않았을까? 심지어 프로작가도 한 권의 책을 출간하기 위해서 몇 년씩 인고의 시간을 견디기도 한다. 이렇게 힘든 글쓰기 작업의 수고로움을 챗GPT가 제대로 분담하고 보조해 줄 수 있다면 그것만으로도 글쓰기 혁명이지 않을까?

챗GPT에게 글쓰기 외주를 준다고 생각해보자. 목적과 상황이 적절하게 반영된 프롬프트를 입력하는 것만으로도 우리는 챗GPT로부터 꽤 괜찮은 글의 초안을 기대해 볼 수 있다. 단 주의할 점이 있다. 명령 또는 질문을 '잘' 해야 한다는 것이다. 구조 및 톤을 우리의 의도대로 세밀하게 조절할 수 있다면 챗GPT 답변 자체를 큰 수정 없이 그대로 활용할 수도 있을 것이다.

여기서 중요한 점은 챗GPT에게 프롬프트를 입력할 때 두 가지 측면을 고려해야 한다는 것이다. 첫째는 내용적인 측면으로, 우리가 전달하고자 하는 메시지나 아이디어를 명확하게 표현해야 한다. 둘째는 구조적인 측면으로, 글의 구조와 문체 및 어조를 어떻게 설정할지 결정해야 한다. 이 두 가지를 잘 조절해 프롬프트를 잘 설계할 수 있다면, 챗GPT가 생성하는 답변은 우리의 의도를 정확하게 반영하고 글쓰기의 효율성은 극대화될 것이다.

자, 이제 우리는 챗GPT에게 내용 그리고 구조와 문체 및 어조를 각각 설정해야 좋은 결과물을 얻을 수 있다는 사실을 간접적으로 알 수 있다. 챗GPT의 답변을 곧바로 활용하거나 적용할 수 있는 수준의 초안을 원한다면 우리는 내용 그리고 구조와 문체 및 어조를 세밀하게 조절해야 한다. 단순하게 '~해줘'와 같은 질문으로는 챗GPT가 제공한 답변 그대로를 글에 활용하기는 어렵다. 챗GPT가 산출한 결과물을 우리가 쓸 글쓰기의 초안으로 사용할 수 있는 수준으로 올리기 위해서 구조와 문체 및 어조를 잘 설계해야 한다.

구조와 문체 및 어조를 설계하는 방법으로는 크게 두 가지 방법이 있다. 첫 번째 방법은 우리의 목적과 이유 그리고 상황을 명확하게 설명하는 것이다. 예를 들어, 논문을 작성하는 경우 학술적이고 공식적인 어조를 유지해야 하며, 이럴 때는 그러한 상황을 먼저 챗GPT에게 알려줘야 한다. 어떤 논문을 쓰고 있고, 논문의 목적과 이유를 상세하게 알려준다면 챗GPT는 이러한 상황에 알맞은 문체 및 어조를 활용하여 논문을 작성해줄 가능성이 커진다.

다른 방법은 구조과 문체 및 어조를 직접 지정하는 것이다. 먼저 글의 구조를 살펴보자. 글의 구조는 주제와 목적에 따라 다양하게 구성될 수 있다. 일반적으로는 서론, 본론, 결론의 삼부 구조를 따르는 경우가 많다. 서론에서는 글의 주제와 목적을 명확히 하고, 본론에서는 주제에 관한 주장이나 설명을 상세하게 다룬다. 결론에서는 본론의 내용을 요약하거나 결론을 도출한다. 이 외에도 '비교-대조', '원인-결과', '문제-해결' 등 다양한 구조가 존재한다. 특히, 설명서나 학술 논문에서는 복잡한 구조를 가질 수 있으며, 이러한 구조는 독자가 글을 이해하는 데 도움을 준다.

다음은 문체를 살펴보자. 우리말의 경우 문장의 길이를 짧게 끊어 간결하게 표현하는 문체인 간결체와 그렇지 않고 길이를 길고 자세하게 표현한 만연체가 있다. 또한, 일상생활에서 대화하는 듯한 느낌인 구어체가 있지만, 글에 쓰이는 점잖고 예스러운 문체를 포함하고 있는 문어체가 있으며 꾸미는 말이 있냐 없냐에 따라 구분되는 건조체와 화려체 등이 있다. 이 외에도 다양한 문체적 명칭들이 존재하나 정리하면 문체의 종류는 크게 4가지 기준에 따라 정리될 수 있다. 다시 한번 더 말하지만, 아래 표는 참고이며 문체의 종류는 이보다 더 많다.

기준	문체	특징
문장의 길이	간결체	문장의 길이를 짧고 간결하게 표현한 문체
	만연체	수식, 반복, 부연 설명함으로써 문장이 길어진 문체
격식의 정도	구어체	일상에서 대화하는 듯한 느낌의 문체
	문어체	일상생활이 아닌 문서나 글에 한정되어 쓰이는 느낌의 문체
수식의 정도	화려체	수식과 운율을 동원하여 꾸밈이 많은 문체
	건조체	비유나 수식이 거의 없는 기사문, 설명문 등에 많은 문체
표현의 강약	강건체	굳세고 힘찬 품격을 지닌 문체
	우유체	느낌이 부드러운 느낌의 문체

문체의 종류

 글의 어조나 톤 역시 구체적인 명칭을 통해 설정할 수 있다. 위에서 언급했듯 어조는 말이나 글에서 느껴지는 느낌을 의미한다. 이러한 느낌은 실제 메시지를 전달하는 사람인 화자가 처한 상황 및 정서 그리고 태도에 따라 달라진다. 이 기준에 따라 어조의 종류를 표로 표현하면 다음과 같다. 아래 표를 참고하여 챗GPT에게 어조 또는 톤을 직접 설정할 수 있다면 해당 사항을 반영한 답변을 받을 수 있을 것이다.

분류	어조의 종류
화자의 상황(청자의 유무)	대화적 어조, 독백톤
화자의 감정 상태	낙관적, 비관적, 슬픈 어조, 열정적 어조 등
화자의 주제에 대한 태도	우호적, 냉소적, 친밀, 비판, 비난, 풍자적인 어조 등

어조의 종류

정리하면, 구조와 문체 및 어조를 세팅하는 방법으로는 두 가지 방법이 존재한다. 현재 사용자인 우리가 글을 쓰는 목적과 이유 그리고 상황을 구체적으로 챗GPT에게 설명하는 방법과 문체와 어조를 직접 지정하는 것이다. 이러한 두 가지 방법을 잘 활용하면, 우리는 다양한 상황과 목적에 맞춘 문체와 어조를 가진 글을 생성할 수 있다. 이는 우리가 효과적으로 정보를 전달하고자 하는 목적에 큰 도움이 된다.

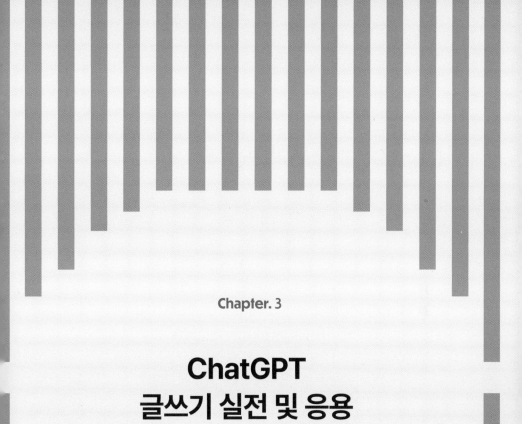

Chapter. 3

ChatGPT
글쓰기 실전 및 응용

11

ChatGPT 글쓰기의 시작

  본격적으로 챗GPT로 글을 써볼 차례다. 이제부터 진짜 실전이다. 필자가 강의를 진행하면서 수강생들을 만나 이야기해보면 공통으로 나오는 문제가 이때 발생한다. 챗GPT로 글을 쓸 수 있다는 것은 알겠지만, 챗GPT에게 맨 처음 어떤 질문을 던져야 할지 모르겠다는 것이다. 처음부터 거창하고 멋진 프롬프트 기술을 쓰려고 애쓰지 말자. 그저 자연스럽게 챗GPT와 대화한다는 느낌으로 시작해보자. 가장 쉬운 방법은 챗GPT를 활용해서 하고자 하는 업무 순서나 방식을 묻는 것부터 시작하는 것이다. 아래와 같이 단순하게 글을 쓰는 방법부터 물어보는 것이 챗GPT를 활용한 글쓰기의 시작이다.

Q 챗GPT를 활용해서 글을 쓰려고 해
챗GPT를 활용한 글쓰기 방법을 단계적으로 알려줄 수
있어?

 1. 주제 선정: 챗GPT에게 글의 주제를 명확하게 알려
준다. 주제가 명확할수록 결과물도 정확하다.
2. 자료 탐색: 주제에 대한 기초 정보나 데이터를 수집
한다. 이 과정에서 챗GPT를 활용해 웹 검색이나 문헌
검색을 할 수 있다.
3. 핵심 아이디어와 중심문장 준비: 글의 핵심이 될 아
이디어와 중심문장을 미리 준비한다. 이를 챗GPT에게
제공하면 글의 뼈대를 더욱 탄탄하게 만들 수 있다.
4. 초안 작성: 챗GPT에게 핵심 아이디어와 중심 문장
을 바탕으로 초안을 작성하도록 요청한다. 이때, 글의
톤과 스타일을 지정할 수 있다.
5. 검토 및 수정: 챗GPT가 생성한 초안을 검토하고, 필
요한 부분은 직접 수정한다. 문맥이나 논리적 흐름에
문제가 있다면 챗GPT에게 다시 요청한다.
6. 최종 검수: 글의 논리적 구조, 문법, 스타일 등을 최
종적으로 검수한다. 필요하다면 전문가의 의견도 참고
한다.
7. 발행: 글이 완성되면 원하는 플랫폼에 발행한다. 이
후, 챗GPT를 활용해 관련 내용을 홍보할 수도 있다.

글쓰기 방법에 대한 챗GPT의 답변

이 책은 다양한 글쓰기 유형 중에서도 특히 책 원고 작성에 집중하려 한다. 미리 언급했듯 챗GPT 글쓰기의 첫걸음은 명확한 주제 선정으로 시작된다. 어떤 주제로 글을 써야 할지 아직 구체적으로 정해지지 않았어도 문제없다. 이 역시도 챗GPT의 도움을 받을 수 있다. 대략적인 글의 방향과 핵심 키워드 정도만 챗GPT에게 물어보자. 예컨대, 내가 쓰고자 하는 글의 방향과 키워드가 '마케팅'이라면, 챗GPT에게 마케팅과 관련해 책을 쓸 수 있는 주제를 추천받을 수 있다. 아래와 같이 프롬프트를 입력해보자. 이때, 타깃 독자나 자신만의 전문 분야 등에 대한 추가 정보를 함께 전달할 수 있다면, 챗GPT는 더욱 상세한 주제를 제안해 줄 것이다. 아래 주제 리스트 중 〈소셜 미디어 마케팅: 팔로워를 고객으로 전환하는 전략〉를 임의로 선택해 다음 단계들을 설명하겠다.

> **Q** 마케팅에 관한 책을 쓰려고 해.
> 일단 이와 관련해서 어떤 주제로 책을 쓸 수 있을까?
> 마케팅 관련 책 주제를 5개 정도 추천해줘

1. "디지털 마케팅의 미래: AI와 빅데이터가 바꾸는 경쟁력"

2. "소셜 미디어 마케팅: 팔로워를 고객으로 전환하는 전략"

3. "브랜드 스토리텔링: 이야기로 고객을 사로잡는 법"

4. "지속 가능한 마케팅: 환경, 사회, 경제적 책임을 다하는 전략"

5. "콘텐츠 마케팅 마스터: 효과적인 콘텐츠 제작과 배포 전략"

주제 아이디어 도출하기

다음 단계는 '자료 탐색'이다. 이 과정에서도 챗GPT를 십분 활용할 수 있다. 다만 주의할 점이 있다. 챗GPT가 찾아주는 정보는 최신 정보가 아니다. 2021년 9월 이후의 최신 정보가 필요한 경우에는 챗GPT보다 구글 바드나 마이크로소프트의 빙챗 활용을 추천한다. 바드와 빙챗은 최신 검색을 기반으로 한 AI 서비스이기 때문에 최신 정보를 검색할 수 있다. 또한, 산출된 정보의 출처까지 정보를 제공해 줄 수 있다. 참고로 이때, 필자는 챗GPT-4 모델을 활용하고 있는 빙챗을 선호한다.

〈소셜 미디어 마케팅: 팔로워를 고객으로 전환하는 전략〉을 예로 들면, 이와 관련한 자료를 찾아달라는 식이다. 만약 챗GPT를 유료구독해 GPT-4 버전을 사용하고 있다면, 플러그인 중 'Webpilot'이나 'Keymate.ai'을 사용할 것을 추천한다. 더불어 최근 업데이트 된 웹 브라우징 기능을 사용해도 좋다. 또한, 백과사전인 위키피디아 플러그인도 있으니 학술적인 정보가 필요하다면 활용해 보는 것을 추천한다.

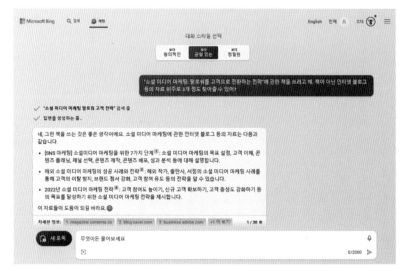

빙챗을 활용해 자료 찾기

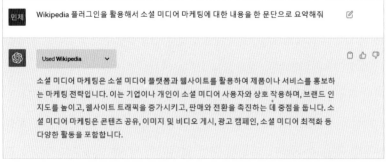

Wikipedia 플러그인을 활용해 자료 찾기

지금까지 우리는 주제를 선정한 뒤 자료와 글감을 생성형 AI의 도움을 받아 얻을 수 있었다. 이를 통해 어떤 방향으로 글을 써야 할지 어느 정도 감을 잡은 것이다. 이제 핵심 아이디어와 중심문장을 준비할 차례다. 핵심 아이디어 및 중심문장을 준비하는 단계는 챗GPT 글쓰기에서 가장 중요한 단계다. 우리가 기획한 글의 주제와 방향에 대한 틀을 챗GPT에게 주입하는 단계이기 때문이다. 이 과정이 잘 진행된다면 챗GPT 글쓰기 전체 작업의 효율성이 크게 향상되리라 기대할 수 있다.

　핵심 아이디어 및 중심문장 준비과정은 거시적인 단계와 미시적인 단계로 구분할 수 있다. 먼저 거시적인 단계부터 살펴보자. 책 쓰기에서의 거시적인 단계는 글의 방향성 및 중심 내용의 뼈대를 설계하는 것을 의미한다. 이는 곧 목차를 만드는 일이라고도 할 수 있다. 목차는 대개 '부-장-절' 순으로 위계질서를 이루고 있다. 보통 부는 책 구성에 2~3개 배치되거나 없기도 하다. 부가 없다면, 장과 절 또는 소제목으로만 목차가 구성되는데, 장의 경우 4~5개 정도 배치되고, 절은 장마다 4~5개 정도 구성된다. 참고로 이는 일반적인 목차 구성에 해당하는 것이다. 목차를 구성하는데 규정은 따로 없다.

　자, 그럼 이제 〈소셜 미디어 마케팅: 팔로워를 고객으로 전환하는 전략〉을 제목으로 목차 초안을 챗GPT를 통해 만들어 보자. 만약 산출된 목차가 내가 쓰고자 하는 글의 방향 및 주제와 어긋난다면, 핵심 아이디어를 좀 더 구체적으로 작성해 보자. 이를 통해 내가 원하는 방향으로 목차를 재구성할 수 있다.

Q 〈소셜 미디어 마케팅: 팔로워를 고객으로 전환하는 전략〉
에 대한 책을 쓰고 있어
해당 책의 목차를 5장과 장마다 4개의 소주제로 구성해
줘

1. 팔로워의 중요성과 측정지표
   - 팔로워 수의 진짜 의미
   - 관계 구축을 위한 첫 단계: 팔로워 분석
   - 팔로워와의 상호작용 측정하기
   - 팔로워의 라이프사이클 이해하기

2. 콘텐츠 전략: 팔로워를 끌어들이는 방법
   - 브랜드 스토리텔링의 중요성
   - 시각적 요소를 활용한 효과적인 커뮤니케이션
   - 콘텐츠 달력: 일관성 있는 업데이트 계획하기
   - 진행 중인 캠페인을 최적화하는 방법

3. 소셜 미디어 플랫폼 별 전략
   - 인스타그램에서의 브랜딩
   - 페이스북에서의 커뮤니티 관리
   - 트위터에서의 실시간 마케팅
   - 유튜브를 활용한 컨텐츠 마케팅

4. 팔로워를 고객으로 전환하는 마케팅 자동화
   - 이메일 마케팅과의 연계

- 챗봇을 활용한 적시 적소의 고객 서비스
- 리타겟팅과 개인화 전략
- 데이터 분석을 통한 고객 전환율 증가

5. 케이스 스터디 : 성공과 실패 사례 분석
- 고객 전환율이 높은 브랜드 사례
- 팔로워 수는 많지만 전환율이 낮은 사례
- 크리시스를 기회로 바꾼 브랜드 사례
- 시장 트렌드에 빠르게 적응한 브랜드 사례

이렇게 구성하면 소셜 미디어 마케팅에서 팔로워를 고객으로 전환하는 전체 프로세스와 전략을 체계적으로 다룰 수 있을 것이다.

목차 초안 만들기

미시적 단계는 절 또는 소제목별로 작성될 글의 흐름을 설계하기 위해 들어갈 핵심 문장 또는 글감을 마련하는 단계다. 이때 핵심 문장 또는 글감은 글을 구성하기 위한 단위인 문단이 만들어지는 중심축과 같은 역할을 한다. 챗GPT에게 핵심 문장이 포함된 프롬프트를 제시하면 챗GPT가 그 핵심 문장의 맥락을 파악해 한 문단을 작성하는 방식이다. 이때, 문단 구조는 두괄식 핵심 문장을 시작으로 근거 또는 구체화 문장, 예시, 강조 문장이 뒤따르는 'PREP 구조'가 주로 사용된다. 챗GPT를 활용해 문단을 기준으로 글을 생성해 나간다면, 논리적 흐름과 일관성을 유지하며 내가 의도한 방향으로 글을 작성할 수 있다.

주제 선정과 자료 검색 그리고 핵심 아이디어와 중심문장 만들기까지 끝났다면 글을 쓰기 위한 내용 측면에서 준비는 완료되었다. 이전 장에서 우리는 챗GPT 글쓰기를 내용 또는 콘텐츠 파트와 구조와 문체 및 어조 파트로 구분해서 접근해야 한다는 사실을 알고 있다. 이제 내용 및 콘텐츠에 대한 뼈대가 마련되었으니 글의 전체적인 톤앤매너를 우리가 원하는 방향으로 설정할 차례다. 이를 위해 다음 파트에서는 '커스텀 인스트럭션(Custom Instructions)'을 세팅하는 방법과 함께 글쓰기를 위한 프롬프트를 설계하는 방식을 다루겠다.

12

커스텀 인스트럭션
(Custom Instructions)

　우리는 지금까지 책의 내용적인 측면에서 필요한 아이디어 또는 글감을 챗GPT를 활용해서 정리했다. 챗GPT의 도움을 받아 책의 주제를 구체화해보고, 관련 자료를 찾아보고, 책의 뼈대인 목차를 만들었다. 여기까지만 보더라도 글쓰기의 혁신이라 할 수 있지 않은가. 하지만 아직 놀라기는 이르다. 챗GPT의 진가는 최근 업데이트되어 기능이 추가된 '커스텀 인스트럭션(Custom Instructions)'과 프롬프트 구성 및 설계에 달려 있다고 해도 무방하다. 커스텀 인스트럭션과 프롬프트 구성 및 설계를 잘할 수 있다면 단 하루 만에 책 원고를 마무리할 수 있다. 미리 말하지만, 이 파트는 굉장히 중요하면서도 어려운 내용을 다루고 있다. 단순히 이 책을 읽고 그냥 넘어가지 말고, 여러 번 직접 연습해 보는 것을 추천한다.

이제 커스텀 인스트럭션을 설명하고자 한다. 필자가 생각하기에 챗GPT 글쓰기에서 가장 중요한 기능이라 단언한다. 그만큼 중요한 기능이니 꼭 숙달해보기를 추천한다. 커스텀 인스트럭션을 다른 말로 맞춤형 지침 정도로 표현할 수 있겠다. 커스텀 인스트럭션은 챗GPT 메인화면에서 나타나 있지 않다. 아래 [그림 12-1]에서 내 계정이 표시되는 부분 옆 점 세 개 (…)를 클릭해야만 보인다.

[그림12-1] 커스텀 인스트럭션 찾는 법

커스텀 인스트럭션을 클릭하면 [그림 12-2]와 같은 창이 나온다. 창은 2개의 부분으로 구성되어 있다. 'What would you like ChatGPT to know about you to provide better responses?'라고 질문하는 부분과 'How would you like ChatGPT to respond?'라고 질문하는 부분이다. 위 두 질문을 하나씩 살펴보자. 먼저 첫 번째 질문은 챗GPT에게 사용자인 '나'라는 사람에 관해 설명해 달라는 요청이 담긴 질문이다. 편의상 앞으로 해당 질문을 '사용자 정보 질문'으로 통칭하겠다. 사용자가 어떤 일을 하고 있고 취미나 관심사는 무엇인지, 어떤 주제로 이야기하는 것을 즐기는지, 이루고자 하는 목표나 목적은 무엇인지 등을 이곳에 작성할 수 있다. 다시 말해 챗GPT에게 '나'라는 사람을 자세하게 설명하고, 이를 기반으로 챗GPT가 나라는 사람의 특징을 고려하여 답을 내릴 수 있도록 하는 기능이다. 우리는 챗GPT를 활용해 책 원고를 작성하는 것을 목표로 하고 있다. 이러한 점을 반영해서 사용자 입력 정보의 내용을 작성해 보자. 커스텀 인스트럭션은 한 번 입력해두면 챗GPT가 결과를 출력할 때 매번 사용자 정보나 요구사항을 입력할 필요 없게 된다.

[그림 12-2] 커스텀 인스트럭션의 구성

사용자 정보 질문에 대한 답변을 입력하기 전에 잠깐 곰곰이 생각해보자. 해당 질문에 대한 답변하는 이유는 챗GPT가 사용자 정보를 바탕으로 맞춤형 답변을 해주기를 원하기 때문이다. 그렇다면 이 부분 역시 챗GPT와 커뮤니케이션을 통해 작성된 내용을 입력해주면 어떨까? 프롬프트를 통해 챗GPT가 이해한 내용을 챗GPT 방식으로 작성된 사용자 정보를 입력한다면 더 좋은 결과물을 산출해 줄 수 있지 않을까? 바로 함께 사용자 입력 질문에 대한 답을 만들어 보자.

Q Custom Instructions의 'What would you like ChatGPT to know about you to provide better responses?'에 대한 답을 작성하려고 해. 아래 내용을 참고해서 답변을 ChatGPT 방식으로 재구성해줘.

1. 나는 현재 〈소셜 미디어 마케팅:팔로워를 고객으로 전환하는 전략〉이라는 주제로 책을 쓰고 있어. 나는 ChatGPT를 적절하게 활용해 효율적으로 책을 완성하고 싶어

2. 나는 소셜 미디어 마케팅에 대해 연구하고 있고, 특히 팔로워를 어떻게 하면 모으고 나아가 고객으로까지 전환해 수익을 올릴 수 있는지를 실험하고 있어.

물론이죠! 아래와 같이 ChatGPT 방식으로 재구성해보았습니다:

"현재 〈소셜 미디어 마케팅: 팔로워를 고객으로 전환하는 전략〉이라는 주제의 책을 작성 중입니다. ChatGPT의 도움을 통해 이 책을 효율적으로 완성하고자 합니다. 소셜 미디어 마케팅에 대한 연구를 진행 중이며, 특히 팔로워를 어떻게 모으고 고객으로 전환하여 수익을 극대화할 수 있는지에 대한 실험을 진행하고 있습니다."

[그림 12-3] 사용자 정보 질문에 대한 답을 얻기 위한 프롬프트

앞서 다룬 〈소셜 미디어 마케팅: 팔로워를 고객으로 전환하는 전략〉이라는 제목으로 책을 쓰고 있다고 가정하고 사용자 입력 질문에 답해보겠다. 일단 프롬프트에 내가 무엇을 하려고 하는지에 대한 내용을 상술한다. 프롬프트에 "Custom Instructions의 'What would you like ChatGPT to know about you to provide better responses?'에 대한 답을 작성하려고 해." 문구를 첫 문장으로 입력한 뒤, '아래 내용을 참고해서 답변을 챗GPT 방식으로 재구성해줘'라는 요청을 담은 문장을 입력한다. 그리고 아래 내용에 사용자인 '나'에 대한 정보들을 나열하면 된다. 참고로 커스텀 인스트럭션에 입력되는 답변은 영어나 한국어 모두 상관없이 입력해도 좋다. [그림 12-3]과 같이 프롬프트를 입력한 뒤, 챗GPT가 재진술한 답변을 그대로 복사하여 [그림 12-4]와 같이 사용자 입력 정보란에 입력하자.

커스텀 인스트럭션 기능은 2023년 7월 20일에 출시되었다. 필자가 책을 쓰고 있는 시점인 8월 말을 기준으로 한 달 전에 출시된 최신 기능인 것이다. 하지만, 해당 기능을 잘 쓸 수 있느냐 그렇지 않으냐에 따라 챗GPT 글쓰기의 효율에 엄청난 차이를 가져온다. 사실 커스텀 인스트럭션의 사용자 입력 질문이 없었을 때는 매번 프롬프트에 '역할 부여(Role Playing)'을 해야만 했다. 예를 들면 '이제 너는 10년차 소셜 미디어 마케팅 전문가라고 가정하자.'와 같은 역할 부여를 위한 문장을 작성해야 했다. 역할을 챗GPT에 부여함으로써 나름 맞춤식 답변을 얻을 수 있었다. 하지만, 프롬프트를 매번 입력할 때마다 역할을 부여해야 하는 불편함이 있었다. 커스텀 인스트럭션은 단 한 번의 입력만으로 챗GPT가 사용자 맞춤식 답변을 할 수 있도록 유도한다. 마치 나의 분신을 만드는 느낌이랄까.

다음은 'How would you like ChatGPT to respond?' 질문에 대한

답해볼 차례다. 편의상 해당 질문을 '응답 방식 질문'이라 명명하겠다. 이곳에서 챗GPT의 응답 방식을 설정할 수 있다. 챗GPT를 활용해 글을 쓰려고 한다면, 이곳에 글의 구조 및 문체와 어조 등과 같은 내용을 설정할 수 있는 것이다. 이곳에 글이 작성되는 방식을 한 번 세팅해두면 쓰고자 하는 글의 형식에 일관성과 통일성을 부여할 수 있다. 무엇보다 글쓰기의 효율성과 전문성을 크게 높일 수 있다. 응답 방식 질문 역시 챗GPT와의 커뮤니케이션을 통해 내용을 작성해 보자. 참고로 응답 방식 질문에 관한 내용을 작성하기 위해 다시 [9. 챗GPT 답변 최소 단위]와 [10. 글의 구조와 문체 및 어조] 파트를 살펴볼 것을 권한다.

Q Custom Instructions의 'How would you like ChatGPT to respond?'에 대한 부분을 채우려고 해. 아래 내용을 참고해서 해당 내용을 재구성해줘.
1. 종결어미는 '~했다', '-이다'와 같이 객관적인 어미로 작성해줘.
2. '너', '그', '그녀' 등과 같은 번역투 느낌이 나는 대명사는 사용하지 말고 곧바로 고유명사를 사용해줘
3. 또한, 사동문 또는 피동문 역시 자연스러운 한국어 문장에 어긋나니 이 부분도 피해 글을 작성해줘

 "How would you like ChatGPT to respond?" 부분을 아래와 같이 재구성하였습니다:
1. 문장의 종결어미는 '~했다', '~이다'와 같이 객관적인 표현을 사용하여 작성하십시오.
2. '너','그','그녀'와 같은 번역투의 대명사 대신 직접적인 고유명사를 사용하십시오.
3. 사동문과 피동문은 한국어 문장에서 자연스럽지 않으므로 사용하지 않도록 주의하십시오.

[그림 12-5] 응답 방식 질문에 대한 답변 프롬프트

[그림 12-5]는 대략적인 글의 문체 및 어조를 세팅하기 위한 프롬프트 사례다. 이렇게 하는 것만으로도 프롬프트가 글을 써주는 품질 자체가 엄청나게 향상된다. 하지만, 우리는 [9. 챗GPT 답변 최소 단위] 파트에서 내가 쓴 글이나 뉴스 기사와 같은 글의 내용을 무시하고 형식과 스타일만을 밴치마킹하는 방법을 배웠다. 이를 응용해 응답 방식 질문 내용을 구성할 수 있다. 아래 예시는 필자가 이 책을 쓰기 위해 활용했던 커스텀 인스트럭션 중 일부를 발췌한 것이다. 해당 내용을 살펴보면, 필자가 쓴 글 중 한 문단을 발췌하여 내용은 무시하고 글의 구조 및 문체와 어조 그리고 스타일을 참고해서 글을 작성해달라는 요청사항을 찾아볼 수 있다. 구체적인 글의 문체 및 스타일과 같은 사례를 활용한다면 챗GPT가 내가 원하는 결과물을 출력할 확률을 높일 수 있다.

Custom Instructions

0. '챗GPT 써봤는데, 생각보다 그렇게 똑똑하지는 않더라고요.' 필자가 챗GPT를 처음 써보거나 몇 번 써본 사람들을 만나면 다음과 같은 반응을 듣게 된다. 챗GPT라는 혁신적인 AI 기술이 등장했다는 소식에 많은 사람이 챗GPT를 이용했다. 실제로 지난 2023년 4월 개인정보보호위원회가 OpenAI를 통해 받는 한국 이용자수는 220만 명에 달한다. 이는 국민 100명 중 4명이 챗GPT를 이용해 본 경험이 있다는 것을 의미한다. 그러나 이들 중 대다수는 '아... 그냥 직접 하는 게 더 효율적인 것 같아'라는 생각을 하게 된다. 이는 챗GPT를 이용해 본 사람들은 많지만, '제대로' 챗GPT를 활용할 수 있는 사람들은 매우 극소수임을 알 수 있는 대목이다.

위 문단의 내용은 무시하고 글의 구조 및 문체와 어조 그리고 스타일을 참고해서 글을 작성해줘

1. 인삿말이나 장황한 설명 없이, 사용자의 요청한 결과물만 정확하고 간결하게 출력해주세요.

2. "그", "그녀", "이것", "너"과(와) 같은 어색한 대명사나 피동문을 사용하는 번역투 느낌의 글은 피해주세요. 자연스러운 언어로 응답해주시기 바랍니다.

3. 종결어미는 "~했다", "~이다"와 같은 문체로 작성해줘

4. "물론이다!" 위 문단을 좀 더 자세하고 구체적으로 재작성하겠다."와 같은 문구는 별도로 출력하지 말아줘

커스텀 인스트럭션의 응답 방식 질문 채우기 사례

챗GPT를 활용해 글쓰기를 하는 가장 큰 이유 중 하나는 효율성이라 할 수 있다. 커스텀 인스트럭션의 응답 방식 질문에 넣어 효율성을 극대화하는 방법을 소개한다. 바로 자주 사용하는 명령어를 단축키 형식으로 작성해 두는 것이다. 아래는 필자가 커스텀 인스트럭션에 넣어 사용하고 있는 단축키 중 일부다. 챗GPT를 활용해 글을 뽑아낼 때 반복적으로 요청하는 사항들을 필자는 단축키 형식으로 만들어 사용하고 있다. [그림 12-6]은 아래 단축키 A를 실제 사용하는 사례다. 단축키 설정을 통해 글쓰기 효율을 극대화해보자.

Custom Instructions

다음 단축키를 사용하여 특정 요청을 수행합니다:
A: 위에서 출력된 결과물을 좀 더 자세하고 상세하게 그리고 구체적으로 다시 작성해주세요. 각 문단은 6개 이상의 문장으로 구성해야 해
B: 내용은 그대로 두고, 다음 제시할 문장 및 문단 샘플을 바탕으로 문체 및 어조 그리고 스타일을 분석하고, 해당 문체 및 어조 그리고 스타일을 참고해서 위 결과물을 재작성해주세요.

커스텀 인스트럭션 단축키 설정

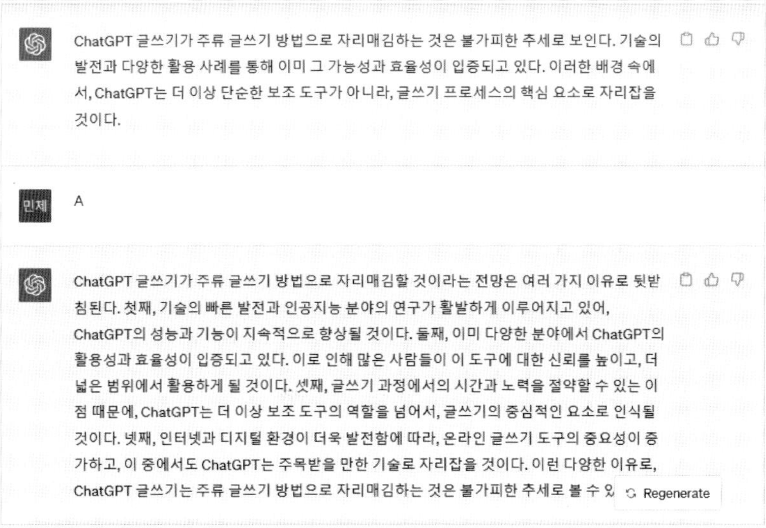

ChatGPT 글쓰기가 주류 글쓰기 방법으로 자리매김하는 것은 불가피한 추세로 보인다. 기술의 발전과 다양한 활용 사례를 통해 이미 그 가능성과 효율성이 입증되고 있다. 이러한 배경 속에서, ChatGPT는 더 이상 단순한 보조 도구가 아니라, 글쓰기 프로세스의 핵심 요소로 자리잡을 것이다.

민제 A

ChatGPT 글쓰기가 주류 글쓰기 방법으로 자리매김할 것이라는 전망은 여러 가지 이유로 뒷받침된다. 첫째, 기술의 빠른 발전과 인공지능 분야의 연구가 활발하게 이루어지고 있어, ChatGPT의 성능과 기능이 지속적으로 향상될 것이다. 둘째, 이미 다양한 분야에서 ChatGPT의 활용성과 효율성이 입증되고 있다. 이로 인해 많은 사람들이 이 도구에 대한 신뢰를 높이고, 더 넓은 범위에서 활용하게 될 것이다. 셋째, 글쓰기 과정에서의 시간과 노력을 절약할 수 있는 이점 때문에, ChatGPT는 더 이상 보조 도구의 역할을 넘어서, 글쓰기의 중심적인 요소로 인식될 것이다. 넷째, 인터넷과 디지털 환경이 더욱 발전함에 따라, 온라인 글쓰기 도구의 중요성이 증가하고, 이 중에서도 ChatGPT는 주목받을 만한 기술로 자리잡을 것이다. 이런 다양한 이유로, ChatGPT 글쓰기는 주류 글쓰기 방법으로 자리매김하는 것은 불가피한 추세로 볼 수 있 ↻ Regenerate

[그림 12-6] 단축키 활용 사례

13

챗GPT-4와 프롬프트
구성 및 설계

책을 여기까지 읽었다면, 아마도 한 가지 사실을 눈치챘을 것이다. 필자가 이 책에서 다룬 거의 모든 사례는 무료 버전인 챗GPT-3.5 모델이 아니라, 유료 버전인 챗GPT-4 모델을 기반으로 작성되었다. 이유는 간단하다. 챗GPT-4 모델은 3.5 버전에 비해 더욱 강력한 기능과 정확도를 자랑한다. 특히 글쓰기 작업에서 GPT-3.5 모델과 GPT-4 모델의 차이는 엄청나다. GPT-3.5 모델은 기본적인 문장 구성과 정보 제공과 같은 간단한 작업 수행능력은 나쁘지 않다.

하지만 GPT-3.5 모델은 글쓰기와 같은 복잡한 문맥을 파악하고 특수한 요구사항이 많은 고차원 업무 수행에는 적합하지 않다. 더구나 필자 개인적으로는 GPT-3.5 모델의 기능이 최근 들어 더 많이 저하되었다는 느낌을 지울 수 없다. [그림 13-1]은 GPT-3.5에 '우리나라 대통령이 누구인지' 물어보는 챗GPT 사례다. 2021년 9월 정보까지 제대로 사전 학습했다면, GPT-3.5 모델에 대한 답변은 '문재인 대통령'이라는 답을 해야 한다. 실제로 몇 달 전까지만 하더라도 GPT-3.5 버전은 '문재인 대통령'이라 답을 했다. 하지만 원고를 쓰고 있는 현재 GPT-3.5에 같은 질문하면 아래와 같은 틀린 답을 한다. 기능 저하가 의심되는 지점이다. 이 정도의 답변 수준으로는 아무리 좋은 프롬프트를 입력한다고 한들 챗GPT가 좋은 글을 출력하기가 어렵다.

Q 현재 대한민국의 대통령이 누구야?

⑤ 현재 대한민국의 대통령은 박영선이다.

Q 틀린 것 같은데, 다시 말해줘

⑤ 아, 죄송합니다. 현재 대한민국의 대통령은 박영선이 아니라 이재명입니다.

[그림 13-1] 챗GPT-3.5 품질 저하 사례

따라서 필자는 글쓰기 작업에는 GPT-4 모델을 강력하게 추천한다. GPT-4는 GPT-3.5에 비해 발전된 알고리즘과 풍부한 데이터셋을 활용하여 사용자의 다양한 글쓰기 요구에 대응할 수 있다. 복잡한 문맥, 다양한 주제, 그리고 특수한 요구사항까지도 더욱 정확하게 처리할 수 있다. GPT-4를 잘 활용할 수 있다면 사용자는 프롬프트 맥락을 이해하고, 원하는 답변 내용과 형식을 세밀하게 통제할 수 있다. 월 약 2만 6천 원 정도의 금액으로 내가 의도한 글을 대신 써주는 GPT 비서를 고용해보는 것은 어떨까?

[그림 13-2]는 GPT-3.5와 GPT-4 수행능력을 다양한 분야별로 테스트하여 수치화한 도식이다. 오른쪽으로 향할수록 수행능력이 뛰어남을 의미하고, 반대로 왼쪽으로 갈수록 수행능력이 떨어지는 것을 시각적으로 표현했다. 가장 먼저 우리는 직관적으로 GPT-4 모델이 3.5보다 전반적인 분야에서 뛰어나다는 사실을 파악할 수 있다. 참고로 해당 자료는 2023년 3월 27일에 발표된 연구결과를 시각화한 자료다. 필자가 챗GPT를 활발하게 테스트하던 2~5월까지는 GPT-3.5 모델과 GPT-4 모두 지금보다는 꽤 뛰어난 성능을 보였다. 하지만, 지금은 조금 상황이 달라졌다. [그림 13-3]과 같이 7월에는 GPT-4의 성능 저하를 OpenAI사가 공식적으로 인정하기도 했다. 기사에는 GPT-4 모델만 성능이 저하된 것으로 보도되었지만, 필자가 생각하기에 그래도 글쓰기에 있어 GPT-4 모델은 여전히 강력하다. 반면, 글쓰기 분야에서의 GPT-3.5 모델의 업무 수행도는 심각한 수준이다. 오류가 더욱 잦아졌고, 답변 수준과 품질 또한 활용가치가 거의 없어졌다.

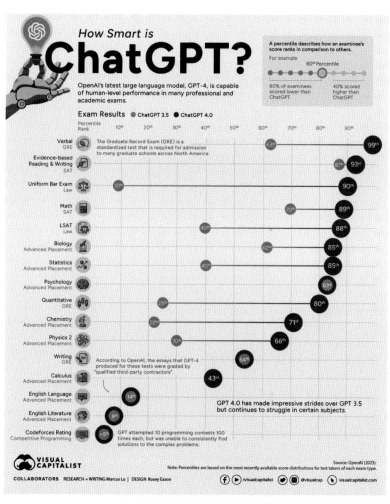

[그림 13-2] 챗GPT의 수행능력 평가표

Chapter.3 ㅣ ChatGPT 글쓰기 실전 및 응용 - 133

GPT-4의 장점은 이뿐만 아니다. 챗GPT 유료 구독시 사용자는 베타 서비스 기능인 플러그인 기능과 코드 인터프리터(현: Advanced Data Analysis) 기능을 사용할 수 있다. [그림 13-4]와 같이 유료구독자라면 계정 정보 옆에 있는 점 세 개(⋯)를 눌러 'Setting&Beta'를 눌러 아래와 같이 세팅하면 베타 서비스를 사용할 수 있다. 플러그인 기능은 사용자가 원하는 작업을 더욱 쉽고 빠르게 수행할 수 있게 해준다. 예를 들어, 웹 검색이나 이미지 검색 플러그인 'Webpilot' 등을 활용하면, 별도의 검색 작업 없이도 필요한 정보나 자료를 즉시 얻을 수 있다. 이는 글쓰기 과정에서 빠른 정보 수집과 검증을 가능하게 하며, 따라서 작업의 효율성을 크게 높일 수 있다.

[그림 13-3] 챗GPT 성능 저하 인정 (출처: 지피티매거진)

[그림 13-4] 플러그인과 코드 인터프리터(현: Advanced Data Analysis) 기능 활성화 방법

다른 베타 서비스 기능인 코드 인터프리터(현: Advanced Data Analysis)는 또 다른 차원의 효율성을 제공한다. 사용자는 PDF나 다른 파일 형식의 문서를 직접 업로드해 문서작업을 할 수 있다. 업로드할 수 있는 문서는 최근 업데이트로 인해 10개까지로 늘어났다. 이는 10개의 문서를 한꺼번에 올려 여러 정보를 동시에 펼쳐 놓고 작업할 수 있음을 의미한다. 특히 연구 보고서나 논문을 쓸 때 참고해야 할 자료들이 많은데, 코드 인터프리터(현: Advanced Data Analysis) 기능을 잘만 활용한다면 엄청나게 시간 절약을 할 수 있다. 이러한 플러그인과 코드 인터프리터(현: Advanced Data Analysis) 기능은 글쓰기 작업을 더욱 효율적으로 만들어준다. 특히, 이러한 기능들은 업무 상황에서 글을 작성할 때 더욱 높은 효율성과 정확성을 보장한다. 더불어 플러그인과 코드 인터프리터(현:

Advanced Data Analysis) 기능은 위에서 제기된 GPT-4 성능 저하 문제를 훌륭하게 보완하고 있다.

다시 [그림 13-2]를 보자. 'SAT의 Evidence-based Reading& Writing'과 'GRE의 Writing' 부분에서의 수행능력 차이를 보자. SAT 시험에서 '조건에 따른 읽기와 쓰기' 과목에서 GPT-3.5는 백분위 87, GPT-4는 백분위 93를 기록했다. 반면 GRE 시험의 쓰기 과목에서 챗GPT는 3.5와 4 버전 모두 백분위 54를 기록했다. 차이가 상당하다. 여기서 우리는 한 가지 중요한 사실을 알 수 있다. 바로 조건 여부에 따라 챗GPT 답변 퀄리티의 차이가 크게 난다는 사실이다. 여기서 조건을 챗GPT 인터페이스에 대입해보면 프롬프트로 해석할 수 있다. 그렇다. 프롬프트에 어떤 조건 및 세부 내용을 넣는지에 따라 챗GPT의 답변 수준이 크게 달라진다. 이러한 연구결과는 프롬프트 구성 및 설계가 얼마나 중요한지를 알려주는 대목이다.

앞서 필자는 프롬프트의 중요성을 누누이 강조했다. 더불어 [3. 챗GPT 원리와 커뮤니케이션] 파트에서 프롬프트 작성전략에 대해 언급했다. 다시 간단하게 언급하자면, 구체적이고 명확하고 간결한 질문, 올바른 철자 및 맞춤법, 그리고 여러 번의 시도가 바로 그것이다. 여기서는 프롬프트 구성 및 설계 방식과 구체적이고 명확한 질문이 무엇인지에 대한 내용을 상세하게 다뤄보려 한다.

먼저 프롬프트 구성 및 설계 방식이다. 프롬프트를 구성할 때 목적과 상황 설명이 꼭 들어가야 한다. 목적과 상황 정보가 있어야만, 챗GPT는 사용자의 의도와 맥락을 정확하게 파악할 수 있다. 정확한 사용자 의도파악은 더욱 구체적이고 맞춤식 답변을 끌어낼 수 있다. 예를 들어, '어떤 문서를 작성해야 하는지, 그 문서가 어떤 상황에서 사용될 것인지'와 같은 정보를 제공하면, 챗GPT는 더욱 적절한 양식이나 표현을 추천할 수 있다. 따라서 사용자는 상황이나 목적이 얼마나 사소하던 간에 이를 명확히 챗GPT에게 전달하는 습관을 기르는 것이 중요하다. 이렇게 하면 챗GPT의 답변은 더욱 실질적이고 유용해진다.

다음으로 질문하는 방법에 대해 알아보자. 앞서 구체적이고 명확한 질문을 하는 것이 중요하다고 언급했다. 그렇다면 구체적이고 명확한 질문을 하는 방법은 무엇이 있을까? 첫째, 숫자를 사용하는 것이다. 숫자를 사용하면 질문이 구체적이고, 명확해진다. 예를 들어, '500단어의 글을 작성해줘'와 같은 질문은 단어 수를 명시함으로써 챗GPT가 어떤 범위 내에서 답변해야 하는지를 명확하게 한다.

둘째, 예시나 사례를 사용하는 방법은 질문의 범위를 좁혀, 챗GPT가 더 구체적인 답변을 제공할 수 있게 한다. 이러한 접근법은 특히 복잡한 주제나 다양한 해석이 가능한 질문에 대해 유용하다. 예를 들어, '인공지능의 윤리적 문제에 대해 어떻게 생각하나요?'라는 질문에 대해 '자율주행 자동차가 사고 상황에서 어떤 선택을 해야 하는가?'라는 구체적인 사례를 들면, 챗GPT는 이에 대한 더 명확하고 구체적인 답변을 할 수 있다. 사례나 예시는 질문의 맥락을 명확히 하고, 가능한 답변의 범위를 좁혀서 챗GPT가 더 정확한 정보를 제공할 수 있게 도와준다. 또한, 이러한 구체적인 사례는 독자나 사용자가 주제를 더 쉽게 이해할 수 있도록 도와주며, 복잡한 문제에 대한 실질적인 통찰을 제공한다. 따라서 예시나 사례의 활용은 단순히 답변의 품질을 높이는 것뿐만 아니라, 질문자와의 커뮤니케이션 품질을 전반적으로 향상시키는 효과가 있다.

전문용어를 사용하면, 챗GPT는 더 전문적이고 깊이 있는 답변을 제공할 수 있다. 이는 특히 학술적 논의나 전문 분야에서의 커뮤니케이션에 유용하다. 전문용어는 해당 분야의 지식을 정확하게 표현하는 도구로 작용하며, 이를 통해 챗GPT는 더 정확하고 구체적인 정보를 제공할 수 있다. 예를 들어, 의학 분야에서 '혈액-뇌장벽'이라는 전문용어를 사용하면, 일반적인 '뇌와 혈액 사이의 장벽'이라는 표현보다 더 정확한 정보 전달이 가능하다. 또한, 전문용어의 사용은 답변의 신뢰성을 높이고, 전문가나 학자들과의 대화에서도 더 높은 수준을 커뮤니케이션할 수 있게 한다. 따라서 전문용어의 적절한 활용은 챗GPT의 답변 품질을 향상시키는 중요한 요소로 작용한다.

마지막으로, 구체화 또는 상술화 문장을 사용하면, 질문의 의도와 목적이 더 명확해진다. 앞서 살펴본 PREP 문단 구조를 기준으로 설명하자면, 포괄적인 첫 번째 문장이 아닌 바로 뒤에 오는 문장이 바로 구체화 또는 상술화 문장에 해당한다. 예를 들어, '기후 변화는 심각한 문제다'가 첫 번째 문장이라면 '매년 해수면 상승률이 증가하고 있으며, 이로 인해 해안가 도시들이 위험에 처하고 있다.'는 구체화 또는 상술화 문장에 해당한다. 이러한 구체화 또는 상술화 문장을 프롬프트에 적용하게 되면, 챗GPT로부터 더욱 높은 품질의 결과물을 받아볼 수 있다.

14

ChatGPT로 초고 만들기

지금까지 챗GPT 글쓰기를 위한 기초체력을 다졌다. [11. 챗GPT 글쓰기의 시작] 파트에서 챗GPT로부터 답변받은 글쓰기 단계 중 4단계인 초안 작성할 차례다. 이제 책 전반에 걸쳐 다룬 챗GPT 글쓰기 이론 및 노하우를 총동원할 차례다. 좀 더 현실감 있게 설명하기 위해 이번 파트를 완성하기 위해 활용되었던 프롬프트 사례들을 동원해 챗GPT 초안 만드는 방법을 상세하게 소개하려 한다. 여러분은 지금 이 글을 읽으면서 동시에 이번 장의 글이 어떤 방식으로 챗GPT 글쓰기를 통해 탄생할 수 있었는지 바로 바로 확인할 수 있을 것이다. 시작해보자.

커스텀 인스트럭션(Custom Instructions) 세팅을 살펴보자. 필자는 챗GPT 전문가로서 챗GPT 글쓰기에 관한 책을 집필하고 있다. 이러한 필자 소개와 챗GPT 활용 목적을 중심으로 다음과 같이 커스텀 인스트럭션의 사용자 정보 질문(What would you like ChatGPT to know about you to provide better responses?)에 입력했다. 아래 내용을 살펴보면, 목표와 대략적인 책 소개 정보가 포함된 것을 확인할 수 있다. 참고로 필자가 입력한 내용보다 상세하게 해당 내용을 채워 넣을수록 더 좋은 답변이 출력될 수 있다.

Custom Instructions

저는 챗GPT에 대한 강의 전문가로 활동하고 있으며, 현재 챗 GPT를 활용하여 어떻게 효율적인 글쓰기를 할 수 있는지에 대한 주제로 책을 집필 중입니다. 이 책은 챗GPT와의 커뮤니케이션을 통해 모든 업무에서의 기본적인 글쓰기를 효율적으로 수행하는 방법에 대해 다룰 예정이며, 경제경영 분야의 베스트셀러가 되는 것이 제 목표입니다. 특히 업무 효율화 측면에서의 글쓰기 방법에 중점을 둔 내용을 포함하고 있습니다. 이러한 배경과 목표를 감안 하여, 제 질문에 대한 답변을 제공해주실 때 이 점을 참고해 주시 면 감사하겠습니다.

사용자 정보 질문에 대한 답변

다음은 커스텀 인스트럭션의 응답 방식 질문(How would you like ChatGPT to respond?)에 대한 답을 확인해보자. 필자는 이 책 원고를 쓰기 위해 일정한 문단 구조와 문체 및 어조를 유지하려 노력했다. 이를 위해 다음과 같이 커스텀 인스트럭션의 응답 방식 질문에 대해 답을 했다. 아래를 보면, 필자는 각 요청에 따라 넘버링을 하고 있음을 볼 수 있다. 이는 별 이유가 있는 것은 아니고 글의 가독성을 높이기 위함이다.

아래[그림14-1]의 0번을 보면, 이 책의 1장의 첫 문단이 통째로 들어가 있는 것을 볼 수 있다. 필자는 스스로 쓴 글 중 일부인 문단을 사례로 제공해 해당 어조 및 문체를 바탕으로 전제적인 글의 스타일에 통일성을 부여하고자 하였다. 1~5번은 챗GPT의 응답 방식을 통제하기 위한 명령들이다. 먼저 챗GPT를 사용하다 보면, 결과물과 관계없는 문구를 출력할 때가 있기에 요청한 결과물만 출력해달라는 문구를 삽입했다. 다음 2~4번 명령어는 자연스러운 한국어 문체와 어조를 신경 써서 글을 작성해 달라는 의미다. 5번은 가독성을 위한 조치로써 단문 위주의 문장을 출력해달라는 요청이다.

마지막 6번에는 필자가 자주 챗GPT에 요청하는 명령어를 단축키 형태로 세팅해두었다. 필자는 이러한 단축키 설정을 통해 글쓰기의 효율을 극대화하고자 했다. 단축키'A'는 출력된 문단 또는 글에 대해 더욱 상세하고 구체적인 글로 만들어 달라는 요청이 담겨 있다. 각 문단은 최소 6개 이상의 문장으로 구성되어야 하며, 이를 통해 더 많은 글감을 확보할 수 있다. 단축키'B'는 기존의 글 방향성과는 전혀 다른 새로운 방향으로 글을 재작성하라는 지시이다. 이때, 소재나 주제가 완전히 달라져도 괜찮으며, 적어도 3개의 다른 시안을 제공해야 한다. 이를 통해 필자는 글 또는 문단의 여러 작성 방향을 참고해 볼 수 있다.

단축키'C'는 제시된 문단이나 문장들의 맥락을 참고하여 새로운 문단을 작성하라는 지시이다. 이는 주어진 문장이나 문장들의 주제나 의도를 충실히 반영하여 문단을 구성해야 함을 의미한다. 글을 쓰다가 막혔을 때 해당 단축키를 사용하면 주어진 맥락을 유지한 채 챗GPT가 문단 혹은 글을 마무리해 줄 수 있다. 마지막으로 단축키'D'는 제시된 문단을 바탕으로 구체적인 사례 혹은 예시를 설명하는 새로운 문단을 작성하라는 지침이다. 이 단축키를 통해 필자는 적절한 사례 또는 예시를 추가할 수 있다.

Custom Instructions

0. '챗GPT 써봤는데, 생각보다 그렇게 똑똑하지는 않더라고요.' 필자가 챗GPT를 처음 써보거나 몇 번 써본 사람들을 만나면 다음과 같은 반응을 듣게 된다. 챗GPT라는 혁신적인 AI 기술이 등장했다는 소식에 많은 사람이 챗GPT를 이용했다. 실제로 지난 2023년 4월 개인정보보호위원회가 OpenAI를 통해 받는 한국 이용자수는 220만 명에 달한다. 이는 국민 100명 중 4명이 챗GPT를 이용해 본 경험이 있다는 것을 의미한다. 그러나 이들 중 대다수는 '아… 그냥 직접 하는 게 더 효율적인 것 같아'라는 생각을 하게 된다. 이는 챗GPT를 이용해 본 사람들은 많지만, '제대로' 챗GPT를 활용할 수 있는 사람들은 매우 극소수임을 알 수 있는 대목이다.

위 문단의 내용은 무시하고 어조, 문체 및 스타일을 참고해서 글을 작성해줘

1. 인삿말이나 장황한 설명 없이, 사용자의 요청한 결과물만 정확하고 간결하게 출력해주세요.
2. "그", "그녀", "이것", "너"와(과) 같은 어색한 대명사나 피동문을 사용하는 번역투 느낌의 글은 피해주세요. 자연스러운 언어로 응답해주시기 바랍니다.
3. 종결어미는 "~했다", "~이다"와 같은 스타일로 작성해줘
4. "물론이다!" 위 문단을 좀 더 자세하고 구체적으로 재작성하겠다."와 같은 문구는 별도로 출력하지 말아줘.

5. 복잡하고 긴 복문보다는 짧고 명료한 단문 중심으로 글을 작성해줘

6. 다음 단축키를 사용하여 특정 요청을 수행합니다:

 A: 위에서 출력된 결과물을 좀 더 자세하고 상세하게 그리고 구체적으로 다시 작성해주세요. 각 문단은 6개 이상의 문장으로 구성해야 해

 B: 위 결과물의 글 방향성과 전혀 다른 방향으로 글을 전개해서 글을 다시 작성해주세요. 소재나 주제 자체가 달라져도 괜찮습니다. 색다른 방향으로 글을 재작성한 시안을 3개 정도 출력해주세요.

 C: 제시된 핵심 문단 혹은 문장들의 맥락을 참고해서 한 문단을 만들어 주세요.

 D: 제시된 문단을 바탕으로 구체적인 사례 또는 예시를 설명하는 한 문단을 만들어 주세요.

[그림 14-1] 응답 방식 질문에 대한 답변

커스텀 인스트럭션을 활용해 챗GPT가 출력하는 글의 구조와 문체 및 어조 등의 형식적 측면에 대한 설정이 모두 완료되었다. 이제 내용 또는 콘텐츠를 채워 넣을 차례다. 핵심 아이디어 및 글감을 문단을 기준으로 준비한다. 이때 핵심 아이디어 및 글감은 글을 구성하는 단위인 문단의 핵심 메시지를 담고 있는 중심문장으로 표현한다. 다시 말해 주제 하나에 대한 글인 꼭지를 구성하는 중심문장들을 배치하고, 이를 통해 살을 붙인 문단을 만들어 한 편의 글을 완성해 나가는 것이다. 중심문장들은 글의 메시지의 방향과 핵심 메시지를 구성하는 최소한의 단위이며 이를 통해 사용자는 글쓰기 비서인 챗GPT를 지휘할 수 있다.

그렇다면 이러한 중심문장은 어떻게 만들 수 있을까? 필자는 두 가지 방법을 병행한다. 하나는 필자 스스로 생각해 각 문단의 핵심 메시지를 담은 중심문장을 만드는 방식이다. 생각이 곧바로 나는 글감은 곧바로 메모장에 적어두고 글을 완성시켜 나가는 방법이다. 다른 하나는 챗GPT에게 묻는 방법이다. 예를 들어 이번 글의 제목인 '챗GPT 초안 만들기'를 바탕으로 맥락적으로 유기적인 글을 완성할 수 있도록 각 문단의 핵심을 구성하는 중심문장들을 출력해달라고 챗GPT에게 요청하는 것이다. 이 방법은 필자가 글의 '초안의 초안'을 잡을 때 활용하는 방식이다. 당연히 이 과정에서 여러 번 피드백 과정을 거친다. 이후 필자의 아이디어를 덧붙여 글을 완성한다.

구체적인 사례로 살펴보자. 필자는 [14. 챗GPT로 초고 만들기] 파트를 작성하기 위해 가장 먼저 챗GPT에게 10개 정도의 중심문장을 요청했다. 참고로 처음 요청시 필자는 물론이고 누구나 만족스럽지 않은 답변이 돌

아올 가능성이 크다. 왜냐하면, 처음에는 구체적인 아이디어를 바탕으로 챗GPT에게 답변을 요청하기란 어렵기 때문이다. 많은 기대를 하지 말자. 일단 아이디어를 요청한 뒤 수정하자는 생각으로 가볍게 챗GPT에게 중심문장 10개를 요청해보자.

> **Q** "챗GPT로 초고 만들기"을 주제를 바탕으로 맥락적으로 유기적인 글 한 편을 완성하고자 해.
> 각 문단의 핵심 메시지를 담고 있는 중심문장들을 토대로 해당 글을 완성하려고 하는데, 10개의 중심문장을 출력해 줄 수 있어?

1. 챗GPT는 초고 작성에 있어서 단순한 문장 생성을 넘어서, 작성자의 생각을 확장하고 구체화하는 역할을 한다.

2. 초고 작성은 단순히 글을 쓰는 것이 아니라, 작성자의 아이디어와 논리를 체계적으로 정리하는 과정이다.

3. 챗GPT의 다양한 프롬프트와 템플릿을 활용하면, 특정 주제나 형식에 맞는 초고를 빠르게 작성할 수 있다.

4. 작성 스타일을 커스터마이징하는 챗GPT의 기능은, 작성자가 원하는 톤과 맥락을 유지하면서 글을 작성할 수 있게 해준다.

5. 챗GPT의 '문장 확장' 기능은 작성자가 제시한 기본 문장을 풍부하고 다양한 방식으로 발전시켜 준다.

6. 챗GPT의 인터넷 검색 기능을 활용하면, 작성 중인 초고에 필요한 통계나 사례를 실시간으로 찾아 삽입할 수 있다.

7. 챗GPT의 문법 체크와 수정 기능은 초고의 퀄리티를 높이는 데 큰 도움을 준다.

8. 챗GPT로 작성한 초고는 다양한 파일 형식으로 내보내기가 가능하며, 이는 다른 편집 도구와의 연동을 쉽게 해준다.

9. 챗GPT를 통한 초고 작성은 여러 사람이 참여하는 팀 작업에서도 빠른 의사결정과 효율적인 작업 흐름을 만들어 준다.

10. 챗GPT를 활용한 초고 작성 경험은 작성자가 다른 글쓰기 작업에서도 활용할 수 있는 유용한 노하우를 제공한다.

[그림14-2] 중심문장 10개 요청 및 답변

[그림14-2]과 같은 답변을 바탕으로 계속해서 챗GPT와 소통해 나가는 것이 중요하다. 기억하자. 위와 같이 챗GPT의 답변을 받는 과정은 글감과 아이디어를 참고하기 위함이다. 필자는 위 답변을 참고해 '3~4번 문장은 커스텀 인스트럭션에 대한 설명으로 대체할 수 있겠다'와 같은 아이디어를 얻을 수 있었다. 그런데도 전반적으로 내용이 부실하다. 따라서 필자는 [그림 14-2]의 답변으로 글을 작성하기 어렵다고 판단하여 조금 더 필자의 상황과 의도를 포함한 프롬프트를 [그림14-3]과 같이 재작성했다. 이 부분이 중요하다. 필자는 중심문장을 별도로 구성하지 않았다. 단순하게 챗GPT에게 필자가 글을 쓰는 의도 및 목적을 인식시키는 것만으로 필자가 원하는 방향의 중심문장들을 산출할 수 있었다.

Q 나는 이번 주제의 글을 작성할 때 내가 챗GPT를 사용해서 실제로 어떻게 글을 쓰고 있는 지에 대한 설명을 구체적으로 독자들에게 하려고 해.

1. 나는 커스텀 인스트럭션 기능을 세팅해 내가 어떤 목적으로 챗GPT를 활용하는지 구체적으로 명시하고, 챗GPT가 출력하는 글의 문체 및 어조 등의 스타일을 설정해.
2. 그리고나서 맥락적으로 유기적인 글을 이루는 각 문단의 중심 문장을 약 10개 정도 출력하고,
3. 해당 중심 문장들을 내가 원하는 방향으로 수정하거나 배치한 뒤
4. 중심 문장들을 중심으로 문단을 만들고,
5. 문단들이 유기적으로 이어질 수 있도록 배치해 한 편의 글을 완성시키는 과정을 거쳐

이러한 내용을 참고해서 다시 10개 중심문장을 만들어 줘

물론입니다. 당신이 챗GPT를 실제로 어떻게 활용하여 글을 작성하는 과정을 독자에게 설명하려는 목적을 고려하여 다음과 같은 중심문장을 제안합니다.

1. 커스텀 인스트럭션 기능을 활용하면 챗GPT가 출력하는 글의 문체와 어조를 내가 원하는 스타일로 설정할 수 있다.
2. 중심 문장을 미리 출력하면 글의 구조와 흐름을 명확하게 파악할 수 있다.
3. 출력된 중심 문장들은 필요에 따라 수정하거나 재배치하여 글의 목적과 톤을 맞출 수 있다.
4. 각 중심 문장을 기반으로 문단을 확장하면, 글이 보다 풍부하고 다양한 내용을 담을 수 있다.
5. 문단 확장 과정에서는 챗GPT의 다양한 기능을 활용하여 문장을 더욱 다듬고 구체화한다.
6. 문단 간의 연결을 고려하면, 글 전체가 맥락적으로 유기적으로 이어진다.
7. 중간중간 문법 체크와 수정을 통해 글의 퀄리티를 높인다.
8. 완성된 글은 다양한 파일 형식으로 저장하여 다른 편집 도구와 쉽게 호환된다.
9. 이러한 과정을 통해 작성된 글은 팀 프로젝트에서도 공유와 협업이 용이하다.
10. 챗GPT를 활용한 이러한 글쓰기 방법은 다른 글쓰기 작업에도 적용 가능하며, 작성자에게 유용한 노하우를 제공한다.

> 이 중심문장들은 당신이 챗GPT를 어떻게 활용하여 글
> 을 작성하는지에 대한 구체적인 과정을 잘 반영하고 있
> 을 것이라 생각합니다.

[그림 14-3]의 챗GPT 답변을 바탕으로 하나씩 피드백해보자. 필자는 먼저 1번 커스텀 인스트럭션 기능에 대한 설명은 상세하게 진행할 예정이므로 약 2~3개의 문단을 추가로 할당해야겠다고 생각했다. 더불어 6~10번 중심문장의 경우는 다음 장에서 다룰 내용이므로 일단 제외하기로 했다. 정리하면 커스텀 인스트럭션에 관한 설명에 4개의 중심문장을 할당하고 중심문장을 바탕으로 하여 문단 구성 및 글 완성에 대한 설명에 5~6개의 중심문장을 할당하는 것으로 가닥을 잡았다. 자, 이제 이러한 필자의 의도를 챗GPT에게 전달해보자.

Q 위 10개의 중심문장 중 6~10번 문장은 제외해줘.
그리고 주어진 1~5번 문장을 바탕으로 아래의 내용을
반영해 다시 10개의 중심문장을 만들어줘

1. 커스텀 인스트럭션을 활용해 필자에 대한 소개를 입
력하고 글의 형식 그리고 문체 및 어조를 설정하는 방식
에 대해 상세하게 설명하는 내용을 바탕으로 한 4개의
중심문장을 할당해줘
2. 다음은, 각 문단의 핵심 메지지를 담고 있는 중심문장
을 뽑아내 해당 중심문장을 바탕으로 문단을 구성하고
글을 완성하는 방법에 대한 내용으로 6개의 중심 문장
을 할당해줘
이 방법은 다음 단계를 거친다는 사실을 알려줄게. 먼
저 중심문장이 배치되면, 해당 중심문장을 기준으로 챗
GPT에게 한 문단을 만들어달라는 요청을 하고, 문단이
만들어지면, 수정을 해 문단을 완성하는 방식이야.

물론입니다. 주어진 내용을 반영하여 다음과 같은 10개의 중심문장을 제안합니다.

커스텀 인스트럭션 활용에 대한 중심문장 (4개)
1. 커스텀 인스트럭션 기능을 통해 필자의 배경과 목적을 챗GPT에 명확하게 알릴 수 있다.
2. 문체와 어조 설정은 커스텀 인스트럭션에서 세부적으로 조정할 수 있어, 글이 더욱 일관된 스타일을 가진다.
3. 커스텀 인스트럭션을 설정하면, 챗GPT가 출력하는 글이 필자의 목적과 톤에 더욱 부합한다.
4. 커스텀 인스트럭션은 글 작성 과정에서 시간을 절약하고, 더 효율적인 결과물을 얻을 수 있는 방법이다.

중심문장을 바탕으로 한 글 구성에 대한 중심문장 (6개)
5. 중심문장을 먼저 생성하고 이를 바탕으로 문단을 구성하면, 글의 구조가 명확해진다.
6. 중심문장이 배치된 후에는, 해당 중심문장을 챗GPT에 제시하여 문단을 생성할 수 있다.
7. 챗GPT가 생성한 문단은 작성자의 수정을 통해 더욱 완성도 높은 내용으로 변환된다.
8. 중심문장을 기반으로 한 문단 구성은 글의 흐름을 자연스럽게 만들어 준다.
9. 이 방법을 통해 작성된 글은 구조적으로도, 내용적으로도 높은 퀄리티를 보인다.
10. 중심문장을 활용한 이 방법은 다양한 글쓰기 작업에서도 유용하게 적용할 수 있다.

이 중심문장들은 커스텀 인스트럭션의 활용과 중심 문
장을 기반으로 한 글 구성 방법에 대해 상세하게 다루
고 있습니다.

[그림14-4] 중심문장 상세설명 반영하기

자, 드디어 필자가 글을 쓰고자 하는 내용을 담은 10개의 중심문장을
완성했다. 단 3번 정도의 요청만에 완성된 결과물이다. 여기에서 멈추지
않고, 필자는 실제로 해당 중심문장을 바탕으로 글을 써나가면서 수정할
사항을 그때그때 바꿔 글을 쓰고 있다. 예를 들면, [그림 14-4]에서 출력
된 중심문장인 '커스텀 인스트럭션은 글 작성 과정에서 시간을 절약하고,
더 효율적인 결과물을 얻을 수 있는 방법이다.'는 포괄적이고 별 의미가 없
는 문장이므로 '위 내용 중 4번에는 커스텀 인스트럭션에 단축키를 설정
해 효율적인 글쓰기가 가능하다는 내용으로 대체해줘'와 같은 요청을 통
해 글을 쓰는 중간중간 중심문장을 대체했다.

이와 같은 방식으로 10개의 중심문장이 준비되었다면, 이제 중심문장
들을 활용해 문단을 생성할 차례다. 참고로 이 내용에 해당하는 중심문

장은 챗GPT가 출력한 문장들 중 6번~10번 문장이다. 6번~10번 문장을 활용해 초안을 만드는 과정을 살펴보자. 참고로 명령어'C'는 위에서 설명 했듯 주어진 문장을 바탕으로 문단을 만들어달라는 요청을 담고 있다.

위 중심문장들 중 6~10번 문장을 바탕으로 각각 명령어 C를 실행해줘

물론입니다. 명령어 C를 실행하여 각 중심문장을 바탕으로 한 문단을 만들겠습니다.

중심문장 6: 중심문장이 배치된 후에는, 해당 중심문장을 챗GPT에 제시하여 문단을 생성할 수 있다.

중심문장이 확정되면 그 다음 단계는 챗GPT에게 해당 중심문장을 제시하는 것입니다. 이렇게 하면 챗GPT는 중심문장을 기반으로 한 문단을 자동으로 생성해 줍니다. 이 과정은 글의 구조를 빠르게 설정하고, 작성자가 원하는 방향으로 글을 발전시킬 수 있는 기회를 제공합니다.

중심문장 7: 챗GPT가 생성한 문단은 작성자의 수정을 통해 더욱 완성도 높은 내용으로 변환된다.

챗GPT가 생성한 문단은 초기 버전일 뿐, 작성자의 개입이 필요합니다. 문단을 읽고, 필요한 수정을 진행하면 글의 완성도가 높아집니다. 이는 작성자의 개성과 논리를 반영하여 글을 더욱 풍부하게 만드는 과정입니다.

중심문장 8: 중심문장을 기반으로 한 문단 구성은 글의 흐름을 자연스럽게 만들어 준다.

중심문장을 기반으로 문단을 구성하면, 글 전체의 흐름이 자연스럽게 이어집니다. 각 문단이 하나의 주제나 아이디어에 집중하게 되어, 독자는 글을 읽으면서 논리적인 흐름을 쉽게 파악할 수 있습니다.

중심문장 9: 이 방법을 통해 작성된 글은 구조적으로도, 내용적으로도 높은 퀄리티를 보인다.
중심문장을 활용한 문단 구성 방법은 글의 퀄리티를 높입니다. 구조적으로는 각 문단이 명확한 주제와 메시지를 가지며, 내용적으로는 다양한 정보와 논리가 잘 정리됩니다. 이러한 방법은 글쓰기의 효율성과 효과성을 동시에 높일 수 있습니다.

중심문장 10: 중심문장을 활용한 이 방법은 다양한 글쓰기 작업에서도 유용하게 적용할 수 있다.
중심문장을 활용하는 이 방법은 단순히 하나의 글쓰기 작업에만 국한되지 않습니다. 이는 보고서, 논문, 기사 등 다양한 형태의 글쓰기에서도 유용하게 적용할 수 있습니다. 작성자는 이 방법을 통해 다양한 글쓰기 작업에 대한 노하우를 쌓을 수 있습니다.

[그림14-5] 중심문장을 문단으로 만들기

[그림 14-5]는 해당 문단을 6개 문장 이상으로 구성된 문단으로 구체화하는 과정을 진행한다. 이를 위해 필자는 미리 명령어'A'를 세팅해두었다. 명령어'A'는 '위에서 출력된 결과물을 좀 더 자세하고 상세하게 그리고 구체적으로 다시 작성해주세요. 각 문단은 6개 이상의 문장으로 구성해야 해'와 같은 요청을 의미한다. 단순하게 프롬프트에 'A'를 입력하면 된다. 비교할 수 있도록 중심문장 6에 대해 명령어'A'를 실행한 결과값을 살펴보자.

중심문장을 설정한 후 챗GPT에 제시하는 과정은 글쓰기 프로세스에서 중요한 역할을 합니다. 이 중심문장은 글의 핵심 아이디어나 주제를 명확하게 표현해야 하기 때문에, 작성자는 이 중심문장을 신중하게 선택하거나 구성해야 합니다. 중심문장이 명확하면 챗GPT는 이를 기반으로 문맥과 내용을 적절하게 추가하여 문단을 완성해 줍니다. 이렇게 생성된 문단은 글의 초기 구조를 빠르게 설정할 수 있어 작성자에게 시간을 절약하게 해주며, 이는 특히 복잡하거나 다양한 정보를 다루는 글에서 유용합니다. 더불어, 이 초기 구조는 작성자가 원하는 메시지나 정보를 효과적으로 전달할 수 있는 튼튼한 기반을 제공합니다. 이 과정을 통해 글은 더욱 명확하고 구조적으로 강화되며, 이는 최종적으로 글의 전반적인 퀄리티를 높이는 결과를 가져옵니다.

중심문장 6을 명령어'A'를 실행한 결괏값

차이가 보이는가? 위에서는 단 3개의 문장으로 구성되었던 문단이 명령어'A'를 실행한 뒤 6개의 문장으로 늘어났다. 필자는 이와 같은 방식으로 글감과 아이디어를 챗GPT로부터 얻어 글을 완성해 나가고 있다. 이렇게 산출된 중심문장은 구체적이고 명확한 아이디어나 주제를 포함한다. 따라서 필자는 프롬프트를 통해 챗GPT에게 필자의 의도와 목적을 시시각각 전달하고, 피드백하고 있다. 또 필요하다면 별도 문단을 뽑아 개별적으로 글을 다듬고 있다. 아래는 개별 문단 생성을 '생각의 연결고리법(Chain Of Thought)'을 활용해 만들어 낸 사례다.

Q **문단**

0번을 보면, 이 책의 1장의 첫 문단이 통째로 들어가 있는 것을 볼 수 있다. 필자는 스스로 쓴 글 중 일부인 문단을 사례로 제공해 해당 어조 및 문체를 바탕으로 전제적인 글의 스타일에 통일성을 부여하고자 하였다. 1~5번은 챗GPT의 응답 방식을 통제하기 위한 명령들이다. 먼저 챗GPT를 사용하다보면, 결과물과 관계없는 문구를 출력할 때가 있기에 요청한 결과물만 출력해 달라는 문구를 삽입했다. 다음 2~4번 명령어는 자연스러운 한국어 문체와 어조를 신경써서 글을 작성 달라는 의미다. 5번은 가독성을 위한 조치로써 단문 위주의 문장을 출력해 달라는 요청이다.

위 문단은 아래 Custom Instructions 내용의 명령들을 하나씩 설명하는 문단이야. 어떤 방식으로 글이 작성되었는지 먼저 파악해줘

Custom Instructions

0. '챗GPT 써봤는데, 생각보다 그렇게 똑똑하지는 않더라고요.' 필자가 챗GPT를 처음 써보거나 몇 번 써본 사람들을 만나면 다음과 같은 반응을 듣게 된다. 챗GPT라는 혁신적인 AI 기술이 등장했다는 소식에 많은 사람이 챗GPT를 이용했다. 실제로 지난 2023년 4월 개인정보보호위원회가 OpenAI를 통해 받는 한국 이용자수는 220만 명에 달한다.

이는 국민 100명 중 4명이 챗GPT를 이용해 본 경험이 있다는 것을 의미한다. 그러나 이들 중 대다수는 '아... 그냥 직접 하는 게 더 효율적인 것 같아'라는 생각을 하게 된다. 이는 챗GPT를 이용해 본 사람들은 많지만, '제대로' 챗GPT를 활용할 수 있는 사람들은 매우 극소수임을 알 수 있는 대목이다.

위 문단의 내용은 무시하고 어조, 문체 및 스타일을 참고해서 글을 작성해줘
1. 인삿말이나 장황한 설명 없이, 사용자의 요청한 결과물만 정확하고 간결하게 출력해주세요.
2. "그", "그녀", "이것", "너"와(과) 같은 어색한 대명사나 피동문을 사용하는 번역투 느낌의 글은 피해주세요. 자연스러운 언어로 응답해주시기 바랍니다.
3. 종결어미는 "~했다", "~이다"와 같은 스타일로 작성해줘
4. "물론이다! 위 문단을 좀 더 자세하고 구체적으로 재작성하겠다."와 같은 문구는 별도로 출력하지 말아줘.
5. 복잡하고 긴 복문보다는 짧고 명료한 단문 중심으로 글을 작성해줘

챗GPT 질문 1

문단은 Custom Instructions의 각 명령어를 설명하는 내용을 담고 있다. 0번은 책의 첫 문단을 예시로 제공하여 일관된 글 스타일을 유지하려는 의도를 나타낸다. 1번은 불필요한 문구 없이 결과물만 출력하라는 지시다. 2~4번은 자연스러운 한국어 문체와 어조를 유지하라는 지침이다. 5번은 가독성을 위해 단문을 사용하라는 요청이다.

챗GPT 응답 1

Q 동일한 방식으로 아래 Custom Instructions을 설명하는 한 문단을 만들어줘.

6. 다음 단축키를 사용하여 특정 요청을 수행합니다:
 A: 위에서 출력된 결과물을 좀 더 자세하고 상세하게 그리고 구체적으로 다시 작성해주세요. 각 문단은 6개 이상의 문장으로 구성해야 해
 B: 위 결과물의 글 방향성과 전혀 다른 방향으로 글을 전개해서 글을 다시 작성해주세요. 소재나 주제 자체가 달라져도 괜찮습니다. 색다른 방향으로 글을 재작성한 시안을 3개 정도 출력해주세요.
 C: 제시된 핵심 문장 혹은 문장들의 맥락을 참고해서 한 문단을 만들어 주세요.
 D: 제시된 문단을 바탕으로 구체적인 사례와 예시를 설명하는 한 문단을 만들어 주세요.

챗GPT 질문 2

 6번 Custom Instructions은 사용자가 특정 단축키를 활용하여 결과물에 대한 추가적인 조작을 요청할 수 있도록 설계되어 있다. 'A' 단축키는 사용자가 받은 결과물에 대해 더욱 상세한 정보를 원할 때 사용한다. 이 경우, 각 문단은 최소 6개 이상의 문장으로 구성되어야 하며, 정보의 깊이와 너비를 확장해야 한다. 'B' 단축키는 기존의 글 방향성과는 전혀 다른 새로운 방향으로 글을 재작

성하라는 지시이다. 이때, 소재나 주제가 완전히 달라져도 괜찮으며, 적어도 3개의 다른 시안을 제공해야 한다. 'C' 단축키는 제시된 핵심 문장이나 문장들의 맥락을 참고하여 새로운 문단을 작성하라는 지시이다. 이는 주어진 문장이나 문장들의 주제나 의도를 충실히 반영하여 문단을 구성해야 함을 의미한다. 마지막으로 'D' 단축키는 제시된 문단을 바탕으로 구체적인 사례와 예시를 설명하는 새로운 문단을 작성하라는 지침이다. 이 경우, 문단은 6개 이상의 문장으로 구성되어야 하며, 구체적인 사례와 예시를 통해 주제를 더욱 명확하게 해야 한다.

챗GPT 응답 2

실제로 지금 읽고 있는 이 글을 상세하게 살펴보면, 곳곳에 챗GPT가 제시한 글감 및 아이디어의 흔적들을 찾아볼 수 있다. 문단을 구성할 중심 문장을 뽑아내고, 이를 바탕으로 글의 틀을 잡은 뒤, 사용자의 피드백을 거친다면 글의 구조와 내용 측면에서 높은 퀄리티를 기대할 수 있다. 이뿐만이 아니다. 글을 쓰는 속도 자체가 엄청나게 빨라질 것이다.

15

ChatGPT로 원고 만들기

이제 마지막 단계다. 지금까지는 챗GPT를 활용하여 글을 어떻게 작성하는지에 대한 방법을 살펴봤다. 다음은 초고를 완성하는 단계로, 이때 사용자의 개입이 필수적이다. 초고는 글의 뼈대일 뿐이며, 이를 다듬고 개선하는 작업은 작성자의 책임이기 때문이다. 완성도 높은 결과물을 얻기 위해서는 마무리 작업이 중요하다. 이 단계를 퇴고라고 부르며, 챗GPT를 사용하지 않을 때와 비교했을 때, 퇴고 과정에서 글의 형식과 내용이 상대적으로 더 크게 변화한다. 퇴고 과정에서는 문장의 논리적 구조를 점검하거나, 불필요한 문장을 삭제하는 등의 작업을 통해 글의 완성도를 높여야 한다.

초고를 다듬을 때 사용자는 글의 내용과 형식을 검토해야 한다. 먼저 글의 내용적인 측면을 살펴보자. 내용이 부족한 경우는 크게 정보 오류가 있거나 내용의 구체성이 떨어질 경우로 구분할 수 있다. 먼저 내용에 오류가 발견되면, 먼저 그 오류의 원인을 파악해야 한다. 오류가 특정 정보나 데이터 때문에 발생했다면, 그 정보나 데이터의 출처를 확인하고 정확한 정보로 수정한다. 오류를 수정하는 과정에서는 다양한 자료와 출처를 참고하여 신뢰성을 높여야 한다. 이때, 챗GPT로 신뢰성 있는 정보 또는 자료를 얻기 위해서는 해당 정보 또는 자료가 있을 만한 출처를 포함한 프롬프트를 작성할 것을 추천한다. 예를 들면, '개의 특징'에 대한 생물학적 정보를 얻고 싶다면 위키피디아와 같은 백과사전을 출처로 명시하는 것이다. 아래는 프롬프트 예시다.

> **Q** 위키피디아를 참고해서 개의 특징에 대해 설명해줘

출처 명시 프롬프트

하지만, 앞서 언급한 챗GPT가 거짓을 사실처럼 이야기하는 '할루시네이션(Hallucination)' 문제를 자주 일으키기 때문에 구글검색 등의 기존 방식대로 정보를 찾는 방법을 병행할 것을 추천한다. 자료 검색에 있어서 챗GPT는 약한 모습을 보인다. 오류를 수정한 후에는 전체 문맥에서 그 수정이 자연스러운지 다시 한번 검토해야 한다. 이렇게 오류를 정확히 수정하고 문맥에 맞게 재구성하면, 글의 전체적인 품질과 신뢰성 향상을 기대할 수 있다.

내용이 구체적이지 않을 경우, 이를 보완하기 위해 구체적인 사례나 예시를 추가해야 한다. 개인적인 경험 및 사례나 학술자료가 구체적인 사례나 예시에 해당한다. 특히 개인적인 경험의 경우 앞서 이야기한 핵심내용만을 간단히 언급한 뒤 챗GPT를 통해 내용을 늘려 글감을 많이 만들면 글 작성 시간을 아낄 수 있다. 필요한 문구 또는 문장들만 뽑아 내용을 재구성할 수 있기 때문이다. 아래는 개인적인 경험을 간단히 언급한 뒤 네 개의 문단으로 출력한 사례다. 이처럼 구체적인 사례와 데이터를 활용하면, 글이 전달하려는 메시지가 더 명확해지고 설득력을 얻는다.

Q 어떤 분이 아파트를 간절하게 원했었는데, 그렇게 간절하게 원했더니 그 분은 결국 그 아파트를 소유하게 되었다. 이러한 내 경험으로 나는 아래와 같은 교훈을 깨달았다. "간절함에 대하여. 사람은 내가 간절한 만큼 성장한다." 위 내용을 맥락적으로 파악해서 4문단 정도 구성된 한 편의 글을 만들어줘.

어떤 분이 아파트를 간절하게 원했고, 그 간절함이 결국 그 분을 목표에 이르게 했다. 이 경험은 나에게 "간절함에 대하여. 사람은 내가 간절한 만큼 성장한다"라는 교훈을 주었다. 간절함은 단순한 욕망을 넘어서, 그것이 실현될 수 있는 힘을 부여한다. 이러한 간절함은 목표를 설정하고, 그 목표를 향해 나아가는 데 필수적인 동력이 된다.

간절함이 큰 역할을 하는 것은 목표 달성뿐만 아니라 성장 과정에서도 마찬가지다. 간절함이 있을 때만이 노력과 시간을 투자할 수 있으며, 그로 인해 성장이 가능하다. 예를 들어, 아파트를 소유하고 싶다는 간절한 마음은 그 분에게 필요한 노력과 계획을 세우게 했을 것이다. 그리고 그 계획을 실천하기 위한 다양한 행동과 선택이 이루어졌을 것이다.

그러나 간절함만으로는 부족하다. 간절함을 실현하기 위해서는 계획과 실행, 그리고 지속적인 노력이 필요하다.

간절함이 큰 목표를 설정할 수 있게 해주지만, 그 목표를 달성하기 위해서는 구체적인 행동과 노력이 뒷받침되어야 한다. 이러한 과정에서 성장이 이루어진다.

결국, 간절함은 성장과 목표 달성의 원동력이다. 하지만 그 원동력을 제대로 활용하기 위해서는 지속적인 노력과 계획이 필요하다. 이러한 교훈을 통해 나는 간절함의 중요성을 다시 한번 깨달았고, 앞으로의 목표와 성장에 있어서 이를 적극적으로 활용하려고 한다.

사례를 글로 변환하는 프롬프트 예시

이제 글의 형식 측면에서 검토할 차례다. 필자는 가장 먼저 복문을 단문으로 고치는 작업을 진행한다. 글쓰기 서적들을 보면 대부분 빠지지 않고 말하는 한 가지가 있다. 이는 바로 단문 위주의 글을 작성하라는 내용이다. 복잡한 복문은 독자들에게 부담을 줄 수 있고, 주어와 서술어가 호응이 되지 않은 문장을 생성하는 등의 문제를 일으킨다. 단문으로 바꾸는 과정에서 필자가 말하고자 하는 바를 명확하게 전달할 수 있다. 가독성을 높여 독자가 글의 핵심을 빨리 파악할 수 있도록 도울 수 있다.

다음은 커스텀 인스트럭션에 명령어를 입력했지만, 챗GPT가 글을 생성하는 과정에서 미처 반영하지 못한 문체 및 어조를 검토해야 한다. 특히 전제 글의 종결어미 형태를 일관되고 통일성 있게 유지하는 것이 중요하다. 예를 들면 '~했다'와 같은 객관적 어투의 종결어미가 쓰이다가 중간에 '~습니다'와 같은 형태의 종결어미가 등장하게 되면, 통일성이 깨지게 된다. 이러한 부분을 수정해 글 형태의 일관성을 유지해야만 독자들이 글에 더욱 몰입할 수 있다. 글의 완성도를 높이기 위해서 꼭 필요한 작업이다.

마지막으로 챗GPT로부터 평가 및 피드백을 받아볼 수 있다. 완성된 글 또는 문단에 대해 챗GPT의 생각을 물어보는 과정이다. 다음은 챗GPT의 평가를 요청한 프롬프트 사례다. 참고로 해당 사례는 지금 쓰고 있는 이 장의 첫 번째 문단이다. 필자는 아래 챗GPT가 준 피드백이 타당하다고 판단해 이를 반영하여 새로운 문단을 만들었다. 바뀐 문단은 이 글 맨 첫 번째 문단에서 확인할 수 있다.

Q 이제 마지막 단계다. 지금까지 우리는 챗GPT를 활용해 어떻게 글을 쓰는지에 대한 구체적인 방법을 살펴봤다. 일차적으로 완성된 초고를 다듬어서 완성하는 단계만 남았다. 이 과정은 사용자의 개입이 가장 많이 들어가야 하는 단계다. 초고는 뼈대에 불과하기 때문이다. 초고의 내용과 형식이 잘 작성되었는지 판단하고, 다듬는 것은 결국 글을 쓰고 있는 사용자의 몫이다. 모든 일이 그러하듯 마무리를 잘해야만 좋은 결과를 보장받을 수 있다. 이 과정이 바로 퇴고(推敲)에 해당한다. 챗GPT를 사용하지 않고 글을 쓰는 경우와 비교해 볼 때, 이 과정에서 글의 내용과 형식이 상대적으로 크게 바뀌게 된다.

위 문단에 대해 평가해주고, 필요하다면 피드백도 제공해줘

위 문단은 글쓰기 과정의 마지막 단계, 퇴고에 대해 설명한다. 퇴고 단계에서는 사용자의 개입이 필수적이며, 초고를 다듬는 작업이 중요하다고 강조한다. 또한 챗GPT를 사용하는 경우와 그렇지 않은 경우에서 이 단계의 중요성이 어떻게 다른지도 언급한다. 문단은 전반적으로 내용을 잘 전달하고 있다.

그러나 구체적인 예시나 퇴고 과정에서 주의해야 할 점 등이 누락되어 있다. 이 부분을 추가하면 독자에게 더 유용한 정보를 제공할 수 있다. 또한, "모든 일이 그러하듯"이라는 표현은 약간 모호하며, 이 부분을 더 명확하게 표현할 수 있다면 좋을 것 같다.

챗GPT는 우리의 글을 평가할 수 있다

챗GPT를 활용한 글쓰기 과정이 마무리되면, 이제 책을 완성하는 단계에 도달했다. 초고의 작성부터 퇴고까지, 챗GPT는 글쓰기의 다양한 단계에서 유용한 도구로 활용되었다. 하지만 주목해야 할 점은 최종적인 완성은 결국 작성자의 손에서 이뤄진다는 사실이다. 챗GPT는 도구일 뿐, 글의 품질과 완성도는 작성자의 노력과 창의성에 달려 있다.

epilogue

　『챗GPT 글쓰기 테크닉』은 챗GPT가 가져온 새로운 패러다임의 글쓰기 기술을 처음으로 소개한 책이다. 챗GPT가 출시된 지 약 1년이라는 시간이 흘렀다. 교보문고나 영풍문고를 둘러보면, 이미 많은 챗GPT 관련 서적들이 매대 한쪽을 차지하고 있다. 그래서 책을 집필하면서 많은 고민을 했다. 챗GPT 도서들이 이미 많이 시중에 나와 있는데, 이 책이 시장에 나올 가치가 있을까 스스로 되물었다. 그리고 스스로 답을 내렸다. 진짜로 내가 강의에서 이야기하던 챗GPT 글쓰기의 팁과 노하우를 바탕으로 책을 완성해보자고 말이다. 프롤로그에 필자는 이미 이 책을 챗GPT를 활용해 작성하고 있다고 언급한 바 있다. 『챗GPT 글쓰기 테크닉』은 챗GPT의 기능만을 소개하는 공허한 내용이 아닌 실제로 챗GPT로 책을 완성할 수 있다는 것을 몸소 실천해 나온 산물이다.

여전히 많은 사람이 챗GPT 기능에 대해 의구심을 가진다. 올바르지 않은 답을 하기도 하고, 출처도 불분명한 챗GPT의 결과물에 실망한 사람들도 많다. 챗GPT의 활성 이용자가 감소했다는 뉴스도 들려오고 있다. 필자가 강의를 진행하다 보면 챗GPT가 가져올 부정적인 측면에만 주목하는 수강생을 만나기도 한다. 하지만 챗GPT의 등장은 이미 그 자체로 산업 전반에서 새로운 패러다임을 예고하고 있다. 특히 텍스트를 다루는 챗GPT의 특성상 글쓰기 방식 자체에서의 혁신은 이미 시작되었다. 그리고 이제는 그 엄청난 잠재력이 점점 더 명확해지고 있다. 문장 구성부터 아이디어 도출까지, 챗GPT는 글쓰기의 여러 과정에서 창의성과 효율성을 높이는 방법을 효과적으로 제공한다.

이제 각자의 글쓰기에 챗GPT를 어떻게 적용할지 고민해볼 시점이다. 이 책은 챗GPT를 활용한 글쓰기 기술의 다양한 적용 가능성을 제시한다. 그중에서도 특히 책쓰기에 활용할 수 있는 기술과 방법론에 집중했다. 그렇지만 이 책의 내용은 그 범위를 훨씬 넘어선다. 비즈니스 보고서 작성에서부터 대학의 논문 작성까지, 적용 분야는 무궁무진하다. 필자는 각자의 목적과 필요에 맞게 『챗GPT 글쓰기 테크닉』이 활용되었으면 하는 작은 소망이 있다. 이 책이 부디 글쓰기의 다양한 분야에서 새로운 효율성과 창의력을 끌어낼 수 있는 통찰을 제공할 수 있길 바란다.

물론 챗GPT는 완벽한 도구가 아니다. 우리는 이 책 전반에 걸쳐 챗GPT의 한계점과 오류 가능성을 확인했다. 그리고 이런 제약사항을 파악하고, 이를 극복하기 위해 어떻게 해야 하는지와 같은 구체적인 방안과 전략을 배웠다. 예를 들어, 이 책에서는 챗GPT가 잘못된 정보를 제공할 가능성에 대비하여 어떻게 추가적인 검증 과정을 거칠 수 있는지, 또는 어떻게 특정 오류를 보완하거나 수정할 수 있는지에 대한 실용적인 지침을 상세하게 제시했다.

챗GPT 글쓰기는 이제 곧 주류 글쓰기 방법으로 자리매김할 것이다. 지금, 이 순간에도 챗GPT를 비롯한 생성형 AI 기능들이 개선되고 있다. 필자가 이 원고를 쓰는 와중에도 주요 업데이트가 진행되어 이러한 내용을 반영하느라 책 출간이 늦어졌음도 이곳에 밝혀준다.

이 책이 출간된 뒤에도 다양한 기능 업데이트는 계속될 것이다. 일 단위로 말이다. 원고가 마감될 때 즈음, 챗GPT의 주요 업데이트 소식이 발표되었다. 이제 챗GPT로 이미지를 생성할 수 있고, 최신 정보 검색도 가능해질 것이다. 이 뿐만이 아니다. 모바일앱 'Voice Conversations' 기능을 통해 우리는 챗GPT와 음성대화까지 할 수 있게 되었다.

이처럼 많은 변화가 있음에도 글쓰기는 모든 영역의 기본 중 기본인 스킬이라는 점은 변하지 않는다. 그리고 이러한 스킬을 챗GPT가 보조할 수 있다는 것만으로도 혁신이지 않을까? 이제 더는 혼자 글쓰기를 하지 말자. 챗GPT와 함께 글을 써보자. 익숙해지는 순간 새로운 글쓰기의 지평이 열릴 것이다.

동교동 스타벅스에서
정민제(정선비)